U0111248

香港文庫

新古今香港系列

Random Talk
on Hong Kong
Newspaper
Industry

香港報業雜談

李家園——著

新古今香港系列

總

序

香港，作為中國南部海濱一個重要的海港城市，有著特殊的社會經歷和文化特質。它既是中華文化值得驕傲的部分，又是具有強烈個性的部分。尤其在近現代時期，由於處於中西文化交匯的前沿地帶，因而還擁有融匯中西的大時代特徵。回顧和整理香港歷史文化積累的成果，遠遠超出整理一般地域文化歷史的意義。從宏觀的角度看，它在特定的時空範疇展現了中華文化承傳、包容的強大生命力，從而也反映了世界近代文化發展的複雜性和多面性。

梁啟超在《中國歷史研究法》中對有系統地收集史料和研究成果的重要性，曾作這樣的論述：

> 大抵史料之為物，往往有單舉一事，覺其無足輕重；及彙集同類之若干事比而觀之，則一時代之狀況可以跳活表現。比如治庭院者，孤植草花一本，無足觀也；若集千萬本，蒔已成畦，則絢爛炫目矣。[1]

近三十年來香港歷史文化研究，已有長足的進步，而對香港社會歷史文化的認識，到了一個全面、深入認識、整理和繼續探索的階段，因而《香港文庫》可視為時代呼喚的產物。

1　梁啟超：《中國歷史研究法》〔香港：三聯書店（香港）有限公司，2000〕，69頁。

（一）

曾經在一段時間內，有些人把香港的歷史發展過程概括為從"小漁村到大都會"，即把香港的歷史過程，僅僅定格在近現代史的範疇。不知為什麼這句話慢慢成了不少人的慣用語，以致影響到人們對香港歷史整體的認識，故確有必要作一些澄清。

從目前考古掌握的資料來看，香港地區的有人類活動歷史起碼可以上溯到新石器中期和晚期，是屬於環珠江口的大灣文化系統的一部分。由此我們可以清楚地看到，香港的地理位置從遠古時期開始，就決定了它與中國大陸不可分割的歷史關係。它一方面與鄰近的珠江三角洲人羣的文化互動交流，同時與長江流域一帶的良渚文化有著淵源的關係。到了青銅器時代，中原地區的商殷文化，透過粵東地區的浮濱文化的傳遞，已經來到香港。[2]

還有一點不可忽視的是，香港位於中國東南沿海，處於東亞古代海上走廊的中段，所以它有著深遠的古代人口流動和文化交流的歷史痕跡。古代的這種歷史留痕，正好解釋它為什麼在近現代能迅速崛起所具備的自然因素。天然的優良港口在人類歷史的"大

2　參看香港古物古蹟辦事處：〈香港近年的考古發現與研究〉，載《考古》第 6 期（2007），3-7頁。

航海時代"被發掘和利用，是順理成章的事，而它的地理位置和深厚的歷史文化根源，正是香港必然回歸祖國的天命。

香港實際在秦代已正式納入中國版圖。而在秦漢之際所建立的南越國，為後來被稱為"嶺南"的地區奠定了重要的政治、經濟和文化基礎。[3] 香港當時不是區域政治文化中心，還沒有展示它的魅力，但是身處中國南方的發展時期，大區域的環境無疑為它鋪墊了一種潛在的發展力量。我們應該看到，當漢代，廣東的重要對外港口從徐聞、合浦轉到廣州港以後，從廣州出海西行到南印度"黃支"的海路，途經現在香港地區的海域。香港九龍漢墓的發現可以充分證實，香港地區當時已經成為南方人口流動、散播的區域之一了。[4] 所以研究中國古代海上絲綢之路，不應該完全忘卻對香港古代史的研究。

到了唐宋時期，廣東地區的嶺南文化格局已經形成。中國人口和政治重心的南移、珠江三角洲地區進入"土地生長期"等因素都為香港人口流動的加速帶來新動力。所以從宋、元、明開始，內地遷移來香港地區生活的人口漸次增加，現在部分香港原住民就

3　參看張榮方、黃淼章：《南越國史》（廣州：廣東人民出版社，1995）。

4　參看區家發：〈香港考古成果及其啟示〉，載王賡武主編：《香港史新編》（增訂版）〔香港：三聯書店（香港）有限公司，2017〕，3–42頁。

是這段歷史時期遷來的。[5] 香港作為一個地區，應該包括港島、九龍半島和新界三個部分，所以到十九世紀四十年代，香港絕對不能說"只是一條漁村"。

我們在回顧香港歷史的時候，常常責難晚清政府無能，把香港割讓給英國，但是即使是那樣，清朝在《南京條約》簽訂以後，還是在九龍尖沙咀建立了兩座砲台，後來又以九龍寨城為中心，加強捍衛南九龍一帶的土地。[6] 這一切說明清王朝，特別是一些盡忠職守的將領一直沒有忘記自己國家的土地和百姓，而到了今天，我們卻沒有意識到說香港當英國人來到的時候只是"一條漁村"，這種說法從史實的角度看是片面的，而這種謬誤對年輕一代會造成歸屬感的錯覺，很容易被引申為十九世紀中期以後，英國人來了，香港才開始它的歷史，以致完整的歷史演變過程被隱去了部分。所以從某種意義上看，懂得古代香港的歷史是為了懂得自己社會和文化的根，懂得今天香港回歸祖國的歷史必然。因此，致力於香港在十九世紀中葉以前歷史的研究和整理，是我們《香港文庫》特別重視的一大宗旨。

5　參看霍啟昌：〈十九世紀中葉以前的香港〉，載《香港史新編》（增訂版），43-66頁。

6　其實我們如果細心觀察九龍城在第一次鴉片戰爭以後形成的過程，便可以看到清王朝對香港地區土地力圖保護的態度，而後來南九龍的土地在第二次鴉片戰爭中失去，主要是因為軍事力量對比過於懸殊。

（二）

　　曲折和特別的近現代社會進程賦予這個地區的歷史以豐富內涵，所以香港研究是一個範圍頗為複雜的地域研究。為此，本文庫明確以香港人文社會科學為範疇，以歷史文化研究資料、文獻和成果作為文庫的重心。具體來說，它以收集歷史和當代各類人文社會科學方面的作品和有關文獻資料為己任，目的是為了使社會大眾能全面認識香港文化發展的歷程而建立的一個帶知識性、資料性和研究性的文獻平台，充分發揮社會現存有關香港人文社會科學方面資料和成果的作用，承前啟後，以史為鑒。在為人類的文明積累文化成果的同時，也為香港社會的向前邁進盡一份力。

　　我們希望《香港文庫》能為讀者提供香港歷史文化發展各個時期、各種層面的狀況和視野，而每一種作品或資料都安排有具體、清晰的資料或內容介紹和分析，以序言的形式出現，表現編者的選編角度和評述，供讀者參考。從整個文庫來看，它將會呈現香港歷史文化發展的宏觀脈絡和線索，而從具體一個作品來看，又是一個個案、專題的資料集合或微觀的觀察和分析，為大眾深入瞭解香港歷史文化提供線索或背景資料。

　　從歷史的宏觀來看，每一個區域的歷史文化都有時代的差異，不同的歷史時期會呈現出不同的狀況，歷史的進程有快有慢，有起有伏；從歷史的微觀來看，不同層面的歷史文化的發展和變化會存在不平衡的狀態，不同文化層次存在著互動，這就決定了文庫在選題上有時代和不同層面方面的差異。我們的原則是實事求是，不求不同時代和不同層面上數量的刻板均衡，所以本文庫並非面面俱到，但求重點突出。

在結構上，我們把《香港文庫》分為三個系列：

1. "香港文庫・新古今香港系列"。這是在原三聯書店（香港）出版有限公司於 1988 年開始出版的"古今香港系列"基礎上編纂的一套香港社會歷史文化系列。以在香港歷史中產生過一定影響的人、事、物和事件為主，以通俗易懂的敘述方式，配合珍貴的歷史圖片，呈現出香港歷史與文化的各個側面。此系列屬於普及類型作品，但絕不放棄忠於史實、言必有據的嚴謹要求。作品可適當運用注解，但一般不作詳細考證、書後附有參考書目，以供讀者進一步閱讀參考，故與一般掌故性作品以鋪排故事敘述形式為主亦有區別。

"香港文庫・新古今香港系列"部分作品來自原"古今香港系列"。凡此類作品，應對原作品作認真的審讀，特別是對所徵引的資料部分，應認真查對、核實，亦可對原作品的內容作必要的增訂或說明，使其更為完整。若需作大量修改者，則應以重新撰寫方式處理。

本系列的讀者定位為有高中至大專水平以上的讀者，故要求可讀性與學術性相結合。以文字為主，配有圖片，數量按題材需要而定，一般不超過30幅。每種字數在10到15萬字之間。文中可有少量注解，但不作考證或辯論性的注釋。本系列既非純掌故歷史叢書，又非時論或純學術著作，內容以保留香港地域歷史文化為主旨。歡迎提出新的理論性見解，但不宜佔作品過大篇幅。希望此系列成為一套有保留價值的香港歷史文化叢書，成為廣大青少年讀者和地方史教育的重要參考資料。

　　2. "香港文庫‧研究資料叢刊"。這是一套有關香港歷史文化研究的資料叢書，出版目的在於有計劃地保留一批具研究香港歷史文化價值的重要資料。它主要包括歷史文獻、地方文獻（地方誌、譜牒、日記、書信等）、歷史檔案、碑刻、口述歷史、調查報告、歷史地圖及圖像以及具特別參考價值的經典性歷史文化研究作品等。出版的讀者對象主要是大、中學生與教師，學術研究者、研究機構和圖書館。

　　本叢刊出版強調以原文的語種出版，特別是原始資料之文本；亦可出版中外對照之版本，以方便不同讀者需要。而屬經過整理、分析而撰寫的作品，雖然不是第一手資料，但隨時代過去，那些經過反復證明甚具資料價值者，亦可列入此類；翻譯作品，亦屬同類。

每種作品應有序言或體例說明其資料來源、編纂體例及其研究價值。編纂者可在原著中加注釋、說明或按語，但均不宜太多、太長，所有資料應注明出處。

本叢刊對作品版本的要求較高，應以學術研究常規格式為規範。

作為一個國際都會，香港在研究資料的整理方面有一定的基礎，但從當代資料學的高要求來說，仍需努力，希望叢刊的出版能在這方面作出貢獻。

3. "香港文庫‧學術專題研究"。香港地區的特殊地理位置和經歷，決定了這部分內容的重要。無論在古代作為中國南部邊陲地帶與鄰近地區的接觸和交往，還是在大航海時代與西方殖民勢力的關係，以至今天實行的"一國兩制"，都有不少是值得深入研究的課題。人們常用"破解"一詞去形容自然科學方面獲得新知的過程，其實在人文社會科學方面也是如此。人類社會發展過程的地區差異和時代變遷，都需要不斷的深入研究和探討，才能比較準確認識它的過去，如何承傳和轉變至今天，又如何發展到明天。而學術研究正是從較深層次去探索社會，探索人與自然的關係，把人們的認識提高到理性的階段。所以，圍繞香港問題的學術研究，就是認識香港的理性表現，它的成果無疑會成為香港文化積累和水平的象徵。

由於香港無論在古代和近現代都處在不同民族和不同地區人口的交匯點，東西不同的理論、價值觀和文化之間的碰撞也特別明顯。尤其是在近世以來，世界的交往越來越頻密，軟實力的角力和博弈在這裏無聲地展開，香港不僅在國際經濟上已經顯示了它的地位，而且在文化上的戰略地位也顯得越來越重要。中國要在國際事務上取得話語權，不僅要有政治、經濟和軍事等方面的實力，在文化領域上也應要顯現出相應的水平。從這個方面看，有關香港研究的學術著作出版就顯得更加重要了。

"香港文庫・學術專題研究" 系列是集合有關香港人文社會科學專題著作的重要園地，要求作品在學術方面達到較高的水平，或在資料的運用方面較前人有新的突破，或是在理論方面有新的建樹，作品在體系結構方面應完整。我們重視在學術上的國際交流和對話，認為這是繁榮學術的重要手段，但卻反對無的放矢，生搬硬套，只在形式上抄襲西方著述 "新理論" 的作品。我們在選題、審稿和出版方面一定嚴格按照學術的規範進行，不趕潮流，不跟風。特別歡迎大專院校的專業人士和個人的研究者 "十年磨一劍" 式的作品，也歡迎翻譯外文有關香港高學術水平的著作。

（三）

簡而言之，我們把《香港文庫》的結構劃分為三個系列，是希望把普及、資料和學術的功能結合成一個文化積累的平台，把香港近現代以前、殖民時代和回歸以後的經驗以人文和社會科學的視角作較全面的探索和思考。我們將以一種開放的態度，以融匯穿越時空和各種文化的氣度，實事求是的精神，踏踏實實做好這件有意義的文化工作。

香港在近現代和當代時期與國際交往的歷史使其在文化交流方面亦存在不少值得總結的經驗，這方面實際可視為一種香港當代社會資本，值得開拓和保存。

毋庸置疑，《香港文庫》是大中華文化圈的一部分，是匯聚百川的中華文化大河的一條支流。香港的近現代歷史已經有力證明，我們在世界走向融合的歷史進程中，保留中華文化傳統的重要。香港今天的文化成果，說到底與中國文化一直都是香港文化底色的關係甚大。我們堅信過去如此，現在如此，將來也一定如此。

鄭德華

目錄

前言

本書作者李家園先生是一位資深的香港報人，他在《星島晚報》副刊上發表的專欄"香港雜談"，擁有很多讀者。《香港報業雜談》正是從這個專欄裏，選出有關香港報壇的舊事見聞，加以整理、輯錄而成。

"香港雜談"所提及的香港新聞界軼事，內容十分豐富，涉獵範圍包括了報紙、報人、通訊社和新聞教育等，它們均可各自列為一個專門的課題。為了便於集中，我們先將其中介紹香港報紙和報人的文章，輯成《香港報業雜談》。希望本書對於欲瞭解香港報業發展和從事香港報業史研究的讀者，能帶來有用的資料。

《香港報業雜談》從香港第一份中文月刊《遐邇貫珍》及中文報紙《中外新報》談起，直到全港第一份彩色報紙《天天日報》，其中作為重點介紹的，不下四十餘份。儘管它們出版的年代和背景不同，辦報宗旨、印刷技術等亦各有異，然而在香港報業史上，均曾產生過一定影響。本書內容除了報紙沿革、報史事件、報人傳記之外，還專門闢了一章，介紹戰前戰後香港新聞教育的狀況。至於部分報章未被提及，原因是作者鑒於國內出版的同類書中已有論述，為免重複，只好割愛而已。

編者在選編這本書的時候，曾經花了幾個月的時間，去搜集有關的報紙原件，以便將其複印供圖版製作之用。須知一部記述香港報業掌故的讀物，如果沒有報紙的圖樣，是美中不足而且欠完整的。但要遍覓這些早已停刊多年的報紙，實非易事。幸得熱心的朋友協助，才不至於交白卷。在此應向他們致予萬二分的謝意。

梁濤

1988 年 2 月 22 日

香港第一份中文報紙

多年來，我從報業史著及其他報紙、雜誌中，讀到不少記載，都說香港第一份中文報紙是《中外新報》，主持者是伍廷芳。事實上，外間的人亦多認為香港的中文報紙，是由伍廷芳首創的。

香港第一份中文報紙是於 1858 年出版，名字叫做《中外新報》，是沒有錯的，但是，創辦人是否伍廷芳，抑或還另外有人，那便值得談談了。

1853 年出版的第一份中文月刊叫做《遐邇貫珍》，是由懂得中文的英國傳教士編輯並主持發行，內容以宣傳教義為主，並錄點時事，由於有時事新聞，所以一般非教徒的人也購來閱讀，當時每份售價是港錢十五文，可惜廣告與發行都搞得不好，經過三次易主後，終於在 1856 年停刊，總共出版了三年。

當時，有一位倫敦傳道會的牧師東來中國，先在廣州學習中國語文。後來，他編了一本"中英字典"，交給香港《孖剌西報》排印，西報因此製了一副中文鉛字，等到字典印完了，中文鉛字便無"用武之地"。後來有人覺得可惜，便倡議利用這副鉛字，出版中文報紙，《孖剌西報》主人贊成。於是《中外新報》便由此誕生，時為 1858 年（咸豐八年）。

一千八百五十三年八月朔日　第壹號

遐邇貫珍

香港中環英華書院印送

每號收回紙墨錢十五文

雖然只有三年壽命，《遐邇貫珍》卻是香港中文報紙的雛形。

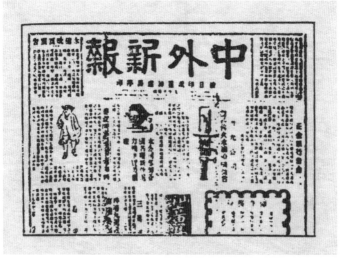

香港第一份中文報紙——《中外新報》

《中外新報》最初是《孖剌西報》的附刊，隨同西報一起出版，好像今日的報紙"特刊"，隨報附送一樣。當時的《中外新報》，是採用書刊形式，隔日才出版一次。不久，因為在發行和廣告方面都有起色，便改為每日出版的四開單張報紙，而且一直出版了六十一年才停刊。我把香港第一份中文報紙《中外新報》的來龍去脈簡述過後，我們且來談談該份中文報紙的創辦人是誰，主持人是誰。

照理，《中外新報》最初出版，既然附屬了《孖剌西報》，則創辦人應是該西報的東主。不過，西報的西人不懂中文，而且出版中文報紙的動機不是西人，而是華人，所以應說動議出版《中外新報》和主持該報的人是誰，而不是說"創辦人"是誰，才較為合理。

動議出版和主持《中外新報》的人，到底是誰？據一般記載，都說是伍廷芳。

我曾獲得一份香港立法局第二位華人議員、太平紳士，又曾做過香港高等法院首位通事、首席華人陪審員、東華醫院倡建總理、考試法律委會委員、英華書院前任校長的黃勝（字平甫）先生的史料，閱後，竟對香港第一份中文報紙《中外新報》有新的發現。原來，與出版和主持《中外新報》有密切關係的人，除伍廷芳外，還有黃勝。

黃勝到底是什麼人，做過什麼事？請先看看他的簡史，然後再談他與《中外新報》的關係。

黃勝，字平甫，原籍廣東香山（現稱中山市）東岸鄉人，1828 年出生於澳門，1843 年來港就讀，肄業於灣仔摩利臣山馬禮遜紀念學校，1847 年隨校長勃朗赴美留學，在美國麻薩諸賽州孟松學校攻讀，學成返港，先後在《德臣西報》及《孖剌西報》工作，精研印刷技術及從事編輯翻譯，後轉入英華書院任教，繼任校長，與英國傳教士理雅各共同翻譯"四書五經"，對促進中英文化貢獻甚大。

　　1858 年，黃氏獲充香港高等法院陪審員，1860年，與《孖剌西報》合作，刊行了香港第一家中文報紙《中外新報》。

　　那末，《中外新報》到底是伍廷芳創辦的，還是黃勝創辦的，這實在是使人疑惑的問題。

　　其實，伍廷芳與黃勝都是《中外新報》的工作者、主持者之一。如果以學歷、經歷、年齡來說——則黃勝的分量較伍廷芳為重，因為伍廷芳於 1842 年 7 月 30日（道光二十二年六月二十三日）在新加坡出世，三年後隨父歸國，初居於廣州，到十三歲時才來港就讀於聖保羅書院。

　　1858 年《中外新報》出版時，伍廷芳年僅十六歲，而黃勝則是三十歲，以年齡、學歷、經歷而言，如果說黃勝創辦的可能較高，卻也不能因為伍廷芳年僅十六歲，就不能說他沒有創辦的可能。

　　《中外新報》到底是由伍廷芳想出來，還是由黃

勝想出來？我無法考據。但照情理推測，由於黃勝的
學歷、經歷，都比伍廷芳好，年齡又比伍廷芳大十四
歲，加以處理編務的是黃勝，伍僅任翻譯員，則《中
外新報》的創辦人，說是黃勝，其可能較大，最少《中
外新報》是伍廷芳與黃勝兩人共同耕耘的，黃勝功
勞，不能抹殺。

根據一般報業史書、報壇隨筆，都說香港第一份
中文報紙《中外新報》創刊於 1858 年。但《黃勝平甫
公簡史》卻說：“一八六○年憑公學養與技能與孖剌西
報合作刊行香港第一家中文報紙中外新報。”

究竟《中外新報》創刊於 1858 年，還是 1860 年？
則有待稽考了。

據戈公振的《中國報學史》——中國有名的報學史
書所載：

> 我國現代日報之產生，亦發端於外人，蓋斯時商務交涉
> 日繁，其材料非雜誌所能盡載也。香港之孖剌報，於民國
> 前五十四年（咸豐八年），即西曆一八五八年，由伍廷芳提
> 議，增出中文晚報，名曰《中外新報》，始為兩日刊，繼改
> 日刊，為我國日報最先之一種。繼之而起者，為西洋人羅朗
> 也之《近事編錄》；《德臣報》（*Daily Press*）之《華字日報》
> ……

> 《中外新報》為《孖剌報》之中文版，初該報因印刷《中
> 英合璧字典》，曾購中文活字一副，旋從伍廷芳之建議，附

9

刊中文報紙，即延伍氏主其事。西人對於中文報紙之經營，當然非其所長，且在斯時，華人之有報紙，實為創見，辦理尤非易事；故名為《孖剌報》所有，實為華人單獨主持，所有一切營業權利，皆屬華人，而《孖剌報》只每年享有若干權利，以為報酬而已。……民國初元，該報攻擊龍濟光頗力（按：民國二年，即一九一三年，龍濟光繼胡漢民、陳炯明為廣東都督），為粵人所歡迎，銷數逾萬，為該報之最盛時期。然經理無力，財政非常竭蹶，乃加入新股若干。……

從戈公振所著之《中國報學史》，也說《中外新報》是於 1858 年出版，以後談報業史者，可能以此為根據，就筆者所讀過之有關《中外新報》的文章，也說該報是 1858 年創刊的。

但是，《黃勝平甫公簡史》則說它是於 1860 年創刊，到底《中外新報》之正確出版日期應為何時，如果能找到《中外新報》創刊號的影印本一看，便可分曉了。

為什麼許多記載《中外新報》事蹟的書本、報章、雜誌，都說該報是伍廷芳所創刊，我想：這與伍廷芳在清末，民初時的名氣有關。因為伍氏後來離港，入京佐李鴻章做事，民國以後，又做過外交部長，國務總理，廣東省長等要職，為國人所熟知，故人們一提起《中外新報》便把他的名字扯在一起，也未可料。

現在，且將《黃勝平甫公簡史》後段擇錄，以供讀者參考：

　　一八六二年，黃勝一度北遊上海，助製炮局丁雨生觀察研究製炮技術，將有關歐西製炮資料譯成為中文，並出版《火器說略》一書，一八六七年，遣子及幼子弟三人聯同前往英倫留學，十餘年間，成為一個華洋社會頗負盛名的通譯和出版家。

　　一八六九年，一批有地位的華商，籌組東華醫院，公是當年一位通曉英文並有頭腦的華人，遂被推舉為"倡建總理"之一，連續三任，直至該院落成。

　　一八七二年，公同好友王韜合辦中華印務總局，翌年在港籌辦創刊循環日報，同年，公被港督堅尼地爵士委為華人事務所委員，輔導歐人進修中文，並甄別他們的中文程度。

　　一八七三年，公又率領第二批少年赴美留學，在留學生事務所教習三年。返港後，為兒女完婚，並報得好友韋光之子韋玉（寶珊）為其快婿（韋寶珊是有利銀行買辦，後出任立法局第四位華人議員，並封為爵士），一八七六年，公被任為考試委員會委員。

　　一八八三年，公入英籍，政府明令委任為高等法院通事及太平紳士，翌年，公又被委為法律委員會委員，寶雲總督並委公接替伍廷芳博士任立法局華人代表議員，直至一八九〇年退休（後何啟及韋玉繼任）。

　　一八八五年公協助王煜初牧師。籌建中國第一家自立，自養，自傳的教會"通濟會堂"，為籌辦長老之一（通濟會堂即現時中華基教會合一堂的前身）。

一九〇二年，公積累成疾，屢醫罔效，與世長辭，享年七十七歲，遺下五子。

黃勝於 1828 年生於澳門，1843 年（時年十五歲）來港就讀於灣仔摩利臣山馬禮遜紀念學校，其時，香港割讓予英國僅一年（1842 年割讓），可以說，黃勝是香港開埠最初期的華人。我們讀《黃勝平甫公簡史》，有如讀了一篇"香港開埠七十餘年簡史"。在研究香港史上來說，此書實在有其價值。

報社被焚的《華字日報》

　　《華字日報》於 1864 年（同治三年）創刊，為香港第二份中文報紙，最初由陳靄亭創辦，後來，他任駐美使館參贊及古巴總領事，遂將社務交由江治、譚奕翹和何仲生主理，不料何仲生接辦半年，報社不幸失火被焚，時為 1886 年之事，與創刊時已相距二十二年了。

　　經過這次大火後，何仲生主持的《華字日報》"另起爐灶"，自設廠房排印，從此脫離了《德臣西報》。

　　到了 1898 年，《華字日報》轉由陳靄亭之子陳斗垣接辦。是年，他因事赴滬，將《華字日報》報務全盤讓與該報編輯部同人賴文山、顧慶浦及潘蘭史等承辦。

　　潘蘭史在報界頗負盛名，曾受德國柏林東方學堂之聘。歸國後，先後主持廣州《廣報》、《嶺南報》等筆政，自接辦《華字日報》後，嘗著論劻政社會，主持清議，對當時港府擬設夜紙（即晚上外出，須要領證）及晨早查屋等事，著論力爭，指為擾民。

　　潘氏旅港十餘年，曾倡立戒烟會、不纏足會及仁義書棧等團體組織，以覺世變俗為己任，這在昔日社會，是驚世駭俗的。當時的讀者，或不敢公然響應，但私底下，卻是大加讚賞的。後來他因事脫離《華字日報》，另創《實報》，對於中國立憲，及舉行新政事，尤能指陳利害，深切時弊。逾年，《實報》由於資金不足，不得已停刊。

《華字日報》創刊當年，也即是香港開埠二十三年後，那時香港人口只不過十餘萬人。到了潘蘭史離開《華字日報》，另創《實報》時，時約 1900 年，而香港人口也不過二十五萬左右。儘管那時的中國仍由清政府統治，但孫中山先生已奔走革命多時，港人對於革命思想已漸有認識，但一般人只是暗中贊成推翻滿清政府，和不滿香港政府部分的施政，所以對於潘蘭史的言論，亦僅止於心儀其人，暗為叫好而已。

《華字日報》雖然是一份很有歷史的報紙，但出版後數十年，因為香港及中國的報業尚未發達，所以內容甚為貧乏。直至 1912 年，清帝遜位，民國成立，香港、廣州的報紙，都是側重“社論”，也因此緣故，當時報紙最權威的人物是“主筆”，主筆就是一間報社的靈魂。

後來，《華字日報》聘請勞緯孟主持編務，他首先將副刊整頓，增加一些趣味性的小品，同時多刊載社會新聞。

在 1925 年，《華僑日報》與《工商日報》還未出版之前，《華字日報》與《循環日報》便是香港歷史最久的報紙了，該報一直出版至 1941 年香港淪陷為止。

《華字日報》的誕生過程，其實與《中外新報》很

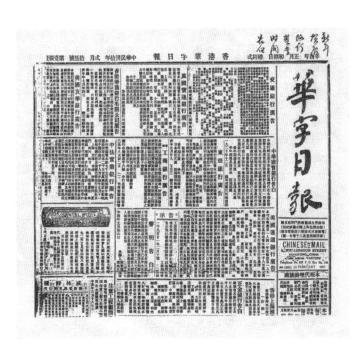

《華字日報》最初是《德臣西報》的中文版

相似，彼此都是在一份英文報紙"脫胎"出來的。《中外新報》脫胎於《孖剌西報》，而《華字日報》則脫胎於《德臣西報》。

先是有陳靄亭者，此人中英文均佳，服務於《德臣西報》，見《中外新報》出版後，大受香港華人歡迎，他便認為：香港雖然被清政府割讓予英國，但香港人口百分之九十幾以上是中國人，出版華文報紙，實有其需要。於是與《德臣西報》負責人商量，由《德臣西報》代印及代發行《華字日報》，每日收取若干費用。

一切條件談妥之後，陳靄亭更得伍廷芳、黃勝等資助，出版《華字日報》。該報出版初期，僅為八開版一張（今日一般日報均為對開紙，昔日的小型報則為四開紙，八開紙者即是只有對開紙面積的四分一，可以說是"傳單式"的報紙了）。

《華字日報》初出版時的內容，也不過翻譯西報和轉載"京報"而已，所謂"京報"，就是刊載朝廷消息的公報。

後來，陳靄亭被清廷委任為駐美使館參贊及古巴總領事，《華字日報》編務改由江治接辦，並聘譚奕翹為翻譯，不久，譚接手該報，並與《德臣西報》簽訂了三年版權合約。

自譚奕翹接辦《華字日報》後，業務有起色，到三年合約期滿，《德臣西報》經理賓氏便要提高版權費和印刷租值，譚氏一計成本開支，認為加價後便無法維持，迫得放棄，改由何仲生接辦。後來，《華字日報》又落到陳靄亭之子陳斗垣手裏。

在今日看來，《華字日報》這個名字沒有什麼特別，但在當時，出一份《華字日報》供給華人閱讀，不讓英人出版英文報專美於前，未始不是一件愛華夏、愛華人的好事。

到了 1912 年民國成立以後，該報聘請勞緯孟入該報編副刊，他將"諧部"（當時稱副刊為"諧部"）改名為"精華錄"，刷新的內容除諧文外，增加了談叢、粵謳、歌謠與使部，大受讀者歡迎，銷路日增。後來，勞緯孟更出任該報總編輯。

到 1919 年，陳斗垣自置器材，脫離《德臣西報》，《華字日報》的銷路更有起色。

到 1941 年 12 月 25 日，香港淪陷，該報才告停刊。

1946 年 4 月 15 日，《華字日報》在港復刊，但負責人卻是黎樾廷。誰知出版不久，因銷數與廣告均不符理想，於是求助於國民黨港澳總支部主任委員李大超，李允為臂助。

此時，黎樾廷忽謂要赴京公幹，候其歸來，始再訂立合作條件。據後來查悉，黎樾廷並未赴京，實仍在港，擬另覓新合作人。是時，有胡大愚者，擬在港辦報，黎氏乃將該報讓與胡大愚辦理。

《華字日報》遂於 1946 年 6 月 10 日復刊，社長之名由黎樾廷而變為胡大愚，而報社人事，也大為變動。

當時，香港紙價日漲，胡大愚接辦《華字日報》後，收支難以平衡，加以與原註冊人（華字日報有限公司）手續未辦妥，故於 7 月 1 日又告停刊。

《華字日報》自該次停刊後，即未再出版。

該報在 1941 年 12 月 8 日日軍侵港前，是一份有歷史性的，同時也是一份辦得很出色的報紙，可惜因一場戰爭，使它停版了。

《華字日報》創辦人陳靄亭出版《華字日報》後，後來被清廷委任為駐美使館參贊及古巴總領事。該報先後由江治、譚奕翹、何仲生，及陳靄亭之子陳斗垣負責。

後來，《華字日報》發生大火，報社盡付一炬。經過這場火災之後，《華字日報》正式脫離《德臣西報》，自立門戶，加以陳斗垣悉心主理，《華字日報》業務遂蒸蒸日上，想不到日本侵港，成為它的致命傷。

香港重光後，陳斗垣後人無心再辦報，遂轉由黎樾廷，胡大愚接辦，可惜復版不及一載，即又停刊。

《循環日報》與王韜

戈公振在《中國報學史》裏說："《循環日報》，創刊於同治十三年之春（即一八七四年）。先是，有王韜（紫銓）者，以上書太平天國忠王李秀成之嫌，清廷欲得而甘心，乃隨麥華陀牧師走香港。旋應英華書院之聘，編輯《聖經》，遂家焉，迨歐海理牧師解散英華書院，王氏遂與該院買辦黃平甫（即創辦《中外新報》者之一的黃勝）集股購入，易名中華印務總局，此同治十年事也。後就印務總局改組《循環日報》。'循環'云者，意謂革命雖敗，而藉是報以傳播其種子，可以循環不已也。王氏自任筆政，洪幹甫及其婿錢昕伯輔之。錢氏蓋奉《申報》主人美查之命，赴港調查報務以資倣效者也。初創時，新聞用洋紙印刷，船期尚用土紙（南山貝），新聞常佔篇幅三分之一，區為三欄：首欄選錄'京報'，次欄為羊城新聞，又次則為中外新聞欄。然其時交通未便，消息難通，故主筆政者常須述野語裨史以補白。"

我們讀了這段記載，知道《循環日報》於 1874 年在香港出版，主筆政者是王韜。

關於王韜其人，外間甚至有人傳說他是"太平天國狀元"，且言論偏激，故為清政府緝捕，乃逃來香港。

王韜由上海逃來香港是事實，至於他是不是"太平天國狀元"，則無可稽考，但估計這是訛傳而已。

香港新聞系名教授袁昶超所著《中國報業小史》對王韜與《循環日報》也有記載：

香港與廣州兩地得風氣之先，所以也很早便有華資創辦的報紙。一八七一年，即同治十年，香港英華書院宣告停辦，該院《聖經》編輯（紫銓）與友人梁仁甫及黃勝承購一切印刷設備，設立"中華印務總局"，於一八七三年春季創辦《循環日報》[1]，這是中國人自辦日報獲得成功的最早一家，王韜也成為中國報界記者名聞世界的最早一位。

王韜是一個多才博學之士，因有上書太平天國忠王李秀成之嫌，不容於清廷，便於一八六三年避居香港，……

王韜，原名利賓，字蘭卿，江蘇甫里人（其地半屬吳縣，半屬昆山），父親是位鄉村塾師，家境十分清貧。王韜幼年多病，天資聰穎，童年即熟讀經史，於詩文無所師承，喜即為之，下筆輒不能自休，生平未嘗屬稿。

正因為如此，王韜從小便十分自負，目空一切，並

---

1 作者註：根據戈公振及袁昶超的說法，在指出《循環日報》創刊年份上，彼此各異，相信是由二人分別以陰陽曆作準所致。

中國早期的現代報紙，在編排上頗受西報影響。如圖中出版於 1874 年 7 月 22 日的《循環日報》，其報名居中，便是一例。

且養成一派不羈的名士氣。

　　1842 年，鴉片戰爭爆發，英軍陷吳淞、上海、鎮江。王韜的忘年交蔣敦復關心國事，上書言兵，忤及當事者，官兵欲捕之，蔣大驚，削髮為僧，避於寺門。王韜因此事，對清廷更大表不滿。

　　鴉片戰爭後，上海成了通商口岸，江南農村，日漸凋敝，上海卻出現了畸形繁榮。1847 年，王韜的父親改到上海設館。翌年，王韜至滬省親，從此，他開始進入了一個新的世界。

就在這一次的上海之行，王韜有了機會接觸到倫敦傳道會的麥都思博士——最早隨馬禮遜東來的新教教士。

他這一次的認識麥都思博士，對他以後在香港創辦《循環日報》也有很大的關係。

原來，馬禮遜、麥都思之東來，最初着重於文化方面，如編輯英漢字典、英文文法之類書籍，和把《聖經》譯為中文，組織印刷工場出版中文書刊等。第一份中文月報《察世俗每月統紀傳》，就是在 1815 年至 1821 年間，由馬禮遜、麥都思在馬六甲創辦的。

鴉片戰爭後，麥都思由馬六甲移居香港，編輯中文月刊《遐邇貫珍》。1842 年，上海開為通商口岸後，麥都思於 1843 年在上海建立墨海書館出版西書，宣傳西學，王韜曾往訪之，麥對王韜文才甚為賞識。

1845 年（道光二十五年），王韜十七歲，即以第一名的成績進入縣學，成了秀才。第二年他到金陵（即今之南京）應闈試考舉人，但是，到了金陵之後，他與友人買醉楚館秦樓，結果沒有考上。從此，他放棄了八股和秀才，一面抱着“讀書十年，然後生為世用”的雄心研究學問，一面仍舊過着酒色徵逐的生活。

如果當時的中國，還像明朝那樣，王韜很可能和唐伯虎、祝枝山一樣做了“風流才子”，但是，當王韜還在故鄉讀書的時候，正值清廷腐敗，國力衰弱。

到 1849 年（道光二十九年）夏天，麥都思便正式邀請王韜到墨海書館工作。其時，王韜已經二十一歲，而其父同年在滬去世。

王韜在墨海書館工作了十三年，到 1862 年（同治元年）8 月，清廷以王韜上書太平軍，指為“通賊”，傳令逮捕。王聞訊，倉促離滬赴港。也因為這次的逃亡，使其後來在港創辦《循環日報》，聲名大顯，成為中國之著名報人。

關於王韜上書太平天國，清廷指其“通賊”，實亦是小題大做，胡亂入罪。雖然，王韜上書太平天國是事實，但是上書之目的，就是請太平天國不要攻打上海，以免滬地受到摧殘而元氣大傷。

王韜上書太平天國函中，有云：“曾國藩之踞安慶，乃真心腹大患耳。”王韜指出：“不集中兵力固守安慶，雖得志於上海，而千方爭上游之大局尚有所阻，此畹（王韜字畹蘭）所不取也。”所以他勸太平天國軍不要強攻上海。如此之函，又怎稱得上是“通賊”？

王韜由滬逃港，他找着了英華書院院長理雅各，他倆過去是由麥都思介紹而互相認識的。理氏對於王韜輔佐麥都思漢譯《聖經》之貢獻，尤為讚佩。此時，理氏正銳意將中國經典譯為英文，能得王氏相助，深感獲益不淺。

1867 年（同治六年），理雅各返國，邀王韜西行，王於是年陽曆 11 月 20 日啟程，旅行四十餘日到達法國馬賽，從此便開始他在歐洲兩年多的生活。

這期間，他真是眼界大開，認為歐洲與中國之間，相隔幾乎有一世紀，這當然是指科學技術方面而言。

到了 1870 年春，理雅各接香港來書促其返港，重主講席，而當時中國經典的英譯還未告竣，於是王韜也回到了香港。

這時的王韜已由一個風流自賞的人物，變成了憂國憂時的愛國志士。他在英國時，曾寫信與妻舅楊醒逋，歷述自己一生思想的變化：弱冠時僅"思得一通籍，博庭內歡，他非所知矣"。考試不第，出外謀生，亦"但求得五百金，可作歸耕計"，從抵上海到歐洲，又經歷了三次變化，初變而為徵逐之游……直作信陵醇酒婦人想，再變而為殉名利……妄欲以虛名動世，最後才認識到"士生於世，當不徒以文章自見"，應該講求經世致用之道，"所望者中外輯和，西國之學術技藝大興於中土"。

古人所謂讀萬卷書，不如行萬里路，因為行萬里路可以增廣見聞，知別人之長，而始知自己之短。王韜思想之改變，實種因於歐遊，因為照王韜所說，中國與歐洲比較，其科技實相差一世紀，凡有熱血之中國人，睹此情形，當有所慚悚，而急起直追之心，亦油然而生。這就是王韜思想改變的主要原因。

1870 年，王韜由歐返港。最初兩年，他輔佐理雅各譯事之餘，還編著《普法戰紀》一書十四卷。

普法戰爭發生於 1870 年至 1871 年 1 月，普魯士（即後來之德國）首相俾斯麥利用西班牙王位繼承問題，蓄意對法國挑釁，7 月 10 日，法國向普魯士挑戰，大戰於焉爆發。結果，法國大敗，法皇拿破侖三世、法國元帥及三十九名將軍連同十萬名官兵都當了俘虜。

此役後，俾斯麥聲名大噪，有"鐵血首相"之稱。

從王韜著述《普法戰紀》中可知他對歐西歷史、地理之深有研究，同時，對俾斯麥的合縱締交的手法，更有詳細的分析，可以說，《普法戰紀》不只是史書，還是政治課本。

王韜三十四歲，時為 1862 年，距香港被割讓予英亦二十年。當時的香港是怎麼樣？王韜撰有《香港羇蹤》一文，且把它轉錄如下：

…………庚辛之間（庚申、辛酉之間，即咸豐十年，公元 1860—1861 年間），江浙淪陷（即被太平軍佔領），時局愈危，世事益棘，滬上一隅，風鶴頻警。秋初，老母棄養，余硯田久涸，本思餬口於遠方，兼以天讒司命，語禍切身（即被指上書太平軍一事），文字之祟，中或有兄，不得已蹈海至粵，附"魯納"輪船啟行，時，同行者為江寧范春泉祖洛，其弟鏡秋，蕭山魯荻洲希曾，並其友許識齋，與作清談，頗不寂寞，每話亂後景況，為之鼻酸。

舟行兩晝夜抵福州，泊羅星塔，兩岸重崖，山氣蔥蒨。閩省多山，城堞皆依山而築，惟漳州平地較多。閱日抵廈門，市集頗盛，翌日午後抵香港。山童赭而水泊？人民椎魯，語言侏儷，乍至幾不可耐。余居在山腰，多植榕樹，窗外芭蕉數本，嫩綠可愛。既夕，挑燈作家書，隔牆忽有曳胡琴唱歌者，響可遏雲，異方之樂，祇令人悲。

香港本一荒島，山下平地，距海祇尋丈，西人擘劃經營，不遺餘力，幾於學精衛之填海，效愚公之移山，尺地寸金，價昂無垞。沿海一帶多開設行舖，就山曲折之勢分營三環，曰上環，中環，下環，後又增為四環，俗亦呼曰"裙帶路"，皆取其形似也。

粵人本以行賈居奇為尚，錐刀之徒，逐利而至，故貿易殊廣。港民取給山泉，清洌可飲，雞豚頗賤，而味遜江浙。魚產鹹水多腥，生魚多販自廣州，閱時稀久則味變。上中環市廛稠密，閭閻宏密，行道者趾錯肩摩，甚囂塵上，下環樹木茂盛，綠蔭繽紛，遠近零星數家，有村落間意，薄胡林（即今日之薄扶林）一帶，多西人避暑屋，景物幽邃，殊有蕭寂之意。下環以往，漁家蛋戶大半棲宿於此。

中環有"保羅書院"，上下交界有"英華書院"，上環有"大書院"，皆有家子弟肄業，教以西國語言文字，造就人才，以供國家用。……

上環高處為太平山，兩旁屋宇參差如雁翅。碧窗紅檻，畫棟珠簾，皆妓女之所居……其有所謂"鹹水妹"者，多在其中，類皆西人之外室，港中近日風氣，亦尚奢華……一席之貴多至數十金，笙歌徹夜，繁華幾過於珠江。

我們從王韜此文，一方面可以看到他的文才，而另一方面，又能知悉百多年前香港的一點景況。

此外，王韜編著的《普法戰紀》出版後，在日本極為暢銷，也引起該國朝野人士的注意，蓋其時日本正銳意求新，該書乃成為日本知識分子瞭解世界大勢的必讀之書。

1870 年，王韜由歐返港，曾往遊日本，時間為 1878 年（光緒五年閏三月初七日），到是年 7 月 15 日，歷時達四月有餘，在此期間，他逐日記載這次中日文化交流的盛事，並出版《扶桑遊記》，該書亦大受日本朝野注意。

這時，王韜年已半百，賭酒徵歌早就毀壞他的健康，"往往風雨一廬，未秋先病"，壯志漸不如前，生活更加靡費，他在日本時，酒色徵逐，竟無虛夕。

1937 年 7 月，在上海出版的《逸經》雜誌，有一篇訪問王韜內侄孫楊君所撰的《長毛狀元王韜》的文章。

世傳王韜為太平天國的狀元，可能因此而以訛傳訛，該文冠以"長毛狀元"之狀元，可能是指太平天國統治下之有學問之人，而並非科舉時代之狀元、探花、榜眼之類，猶之乎今日香港報章稱會考獲六優一良或七優之學子為"本屆會考狀元"一樣，蓋王韜於十七歲時中了秀才，第二年再考舉人，即未考中，自是放棄功名。

孫楊君在《長毛狀元王韜》一文中，這樣寫道：

他（指王韜）的體態臃腫，貌亦不揚，復因屢受環境的刺激，致成早衰，三十五歲以後，便已目矇齒腐，面皺髮稀，所以並不似我們想像中的"金馬玉堂"的風流人物，但好色的憧憬，老而彌篤，這也可見他生活的畸形了。

這是王韜的聲色犬馬生活的一面，但其歐遊，東遊見聞及所發表的見解，則確有見地，猶為日本維新分子所重視。

在一八七一年（同治十年），香港英華書院停辦，王韜乃與黃勝（曾與伍廷芳合辦香港第一份中文報《中外新報》，梁仁甫等集資承購印刷設備，設立"中華印務總局"，並於一八七三年（一說一八七四年）創刊《循環日報》。

王韜親任主筆，撰述時評，立論正確，被譽為"中國報界記者名聞世界的最早一位"。

1884 年，王韜移家至滬，任《申報》編纂主任，翌年又創辦木活字印書館，1887 年，出任上海格致書院掌院（即校長、院長）。到 1890 年，病死上海，享年六十二歲，而他在《循環日報》時間，也不過一兩年而已。

清末時期的香港報紙

清末之際，在 1911 年時，香港的報紙有《中外新報》、《華字日報》、《中國日報》、《世界公益報》、《商報》、《維新日報》等多家，但各報設備，尚屬簡陋，報業人才亦少。當時香港的報社最着重者為主筆，而"社論"即為一報之靈魂，至於新聞，亦非常貧乏，所以銷路不廣，而告白（即廣告）更遑論了，加以當時洋紙相當昂貴，所以清末之際，香港報紙每日出紙最多者，也不過三張。

1911 年的香港報紙如此，過去報紙出紙多少，亦可想而知。在 1910 年以前，香港報紙很多是每日出紙一張，能夠每日出紙兩張者，已是"大報"了。

我們翻開那時的報紙，廣告欄內，除船期告白外，其他如醫業廣告一類者，僅西藥房及西醫生之告白二三家，到了後來，才有些其他商業性廣告。

到了 1914 年至 1916 年間，第一次世界大戰軍興，歐戰爆發，洋紙來源漸少，市價繼續高漲，較諸前時幾及三倍。即使各報迭議加收報費，但無奈紙市告絕，出版遇上重重困難。於是在 1911 年時，每日出紙三大張者，至是遂改為兩張半，繼且改為兩張。

到了 1918 年，歐戰告終，洋紙復源源而來，價錢也漸復舊觀，於是有些報紙，為了爭取讀者，每日出紙竟多達四張者。

洋紙缺乏，售價飛漲，影響報紙業至大，在此情況下，報紙不得不減紙以應付難關。

過去，香港報紙每日所用之紙張，均由報社自購，百餘年來，亦有例外者，那就是在 1941 年聖誕至 1945 年"香港重光"期內，由於香港陷敵，香港又被盟軍封鎖，百貨來源困難，故在香港淪陷期間，報社所用紙張，曾由日本當局配給。

到了 1945 年香港重光後的第一年，報紙所用的紙也須由香港政府配給，因為那時市面紙張非常缺乏也。

這裏順便談談清末一份保皇黨的報紙《維新日報》的經過。光緒七年（1881），中法戰爭爆發，先是，法國入侵越南，原越南王阮福映，因傳教通商問題，與法國齟齬，在同治元年（1862）法國迫越南訂約後，又欲侵北圻，越南不允，同治十二年（1874），法又佔河內，時黑旗軍劉永福屯越，乃出兵抗法，斬法將。翌年，法交還河內，但又迫越南簽訂《西貢條約》，中國抗議無效。

光緒八年（1882），法再佔河內，翌年，我滇桂軍聯合黑旗軍劉永福再抗法，到光緒十年（1884）四月，李鴻章與法代表訂《天津條約》，條件為：（一）中國不過問法越條約，（二）法不索兵費，法在邊境通商。

在中法戰爭期間，香港報紙如《中外新報》、《華字日報》、《循環日報》，對於中法戰爭新聞，報導極為詳細，而港人對於戰事新聞，又極關注，所以各報銷路特暢。

當中法戰爭爆發時，有位陸驥純君，承辦《近事彙編錄》，業務至佳，惟物主羅郎公司（外商）倍加租值，陸君於是放棄《近事彙編錄》，以個人資本，另組《維新日報》。到光緒末年（1908），該報全盤頂予劉少雲，到宣統元年（1909），遂改名《國民新報》出版，到民國成立（1912），該報遂告停刊。

清末時，又有一份《粵報》，乃匯豐銀行買辦羅鶴朋，以個人資本所開設。羅之開設該報，乃因其戚馮孝廉擁有"時藝藍本"，欲排印成帙，以趁鬧市，遂商諸羅氏，欲以報館而兼營印刷業，羅氏乃斥資三萬元，於光緒十一年（1885），由馮孝廉署辦粵報，及延聘魏孝廉及同案秀士四人主持報務，並編輯書籍，翌歲適逢殿試，馮魏二人乃摒裝北上，報務乏人主持，而藍本排印，方及半數，而三萬元資金，已消耗殆盡，羅鶴朋不允添本，遂決定頂讓予人。

越年，有羅敬之君，集股三千元將粵報器材購得，經營三年，卒亦告停版。

計當時香港一般報人之薪酬大略如下：正主筆之薪金，每月不過二十元至二十五元，副主筆月薪則為十元左右，翻譯專任者則為二十元，兼職者則只有十元以下而已。不過，當時香港物價低廉，若在商行做事，則僅月入數元，有的甚至"有食無工"，或僅一二元月薪而已。

早期香港的政治性報紙

報紙的種類、性質，視乎創辦人辦報的宗旨，大別之可分為：政治性的、發揚文化的、純商業性的、宣傳教義的。

香港最先出版的中文報紙《中外新報》、《華字日報》，可以說是純商業性和發揚文化性。到了《循環日報》的出版，情況有所改變，這是因為主辦人王韜被清廷疑其與太平天國有關而遭通緝，由上海逃來香港，隱居教會，編撰有關基督教文刊。迨《循環日報》出版，他常在該報發表文章，雖然沒有大力鼓吹打倒清廷的文字，但行文之間，多多少少也帶點政治性色彩。不過，我們也不能因此而說《循環日報》是一份政治性的報紙。

香港有政治性報紙，當自孫中山先生、康有為和梁啟超始。孫先生於光緒二十五年（1899）派陳少白在港創辦《中國日報》。

光緒三十年（1904）時，親孫中山先生之報紙如《東方報》、《少年報》、《廣東白話報》（周刊）、《嶺南白話報》等先後出版。

這時，保皇黨魁康有為以同情民黨之報紙日多，聲勢浩大，於是派徐勤在港創辦《商報》。

到了宣統三年（1911）10 月 10 日，武昌起義成功，清帝遜位。翌年，中華民國成立。擁護國民黨的報紙，自然繼續在港出版或遷穗出版。《中國日報》就是當時由香港遷穗出版的一份報紙。

自此之後，政客們知道報紙是宣傳自己，打擊政敵的最好工具，因此很着意於辦報。其中，最顯著的就是陳炯明於民國九年（1920）11 月 10 日，出任廣東省主席，兼粵軍總司令後，着陳秋霖在香港開辦《香港新聞報》。不消說，該報自然是力捧陳炯明了。後來，陳炯明反孫（中山）之勢越顯，他本身亦越見日失民心，於是有人向陳秋霖遊說，使他"易幟"，結果，陳秋霖在一夜之間，將《香港新聞報》，改名《中國新聞報》，該報立場亦由擁護陳炯明而改為擁護孫中山先生。

這是香港報壇上有名之"報變"。

到了 1925 年，廣州"六二三沙基慘案"發生後，香港大罷工風潮更加澎湃，港府將責任歸咎於《中國新聞報》，指它有煽動嫌疑，由軍警執行封閉。

這是香港有政治性的報紙，被香港政府封閉的事件中，最膾炙人口的一宗。

自民國成立以後，廣東政潮迭起，由廣東都督（後改督軍、省長、省主席）迭次更換可見一斑。計由 1912 年起至 1949 年大陸政權易手止，歷任廣東首長主席計有：

（一）胡漢民都督（由 1911 年 10 月至 1912 年 4 月 28 日）。

（二）陳炯明都督（由 1913 年 6 月至同年 8 月）。

（三）龍濟光都督（由 1913 年 8 月先任都督，以迄 1916 年 7 月 6 日，其間於 1914 年 6 月，由都督改稱為將軍（受袁世凱封為將軍），到了 1916 年 4 月至 7 月 6 日，因袁世凱病重及去世，又恢復都督舊名）。

（四）陸榮廷督軍（陸榮廷率桂軍入粵驅龍濟光，陸旋於 1916 年 6 月出任督軍）。

（五）陳炳焜督軍（1917 年 4 月 10 日，繼陸榮廷為廣東督軍，陳亦為桂系）。

（六）莫榮新督軍（1918 年 11 月 21 日繼陳炳焜為督軍，陳亦為桂系，直至 1920 年 10 月 4 日，陳炯明率援閩粵軍，回粵驅桂系軍閥，莫榮新才宣告下台）。

（七）湯廷光督軍（1920 年 10 月 4 日，廣東各界不支持莫榮新，而推選湯廷光任督軍，湯廷光於 8 月就職，l0 月 3 日卸任）。

（八）陳炯明省長（陳率粵軍由閩回粵驅逐桂軍莫榮新，於 1920 年 11 月 10 日任省長兼粵軍總司令。過去之督軍制，亦由此時廢除）。

（九）伍廷芳省長（因陳炯明反對孫中山先生被解職，伍氏於 1922 年 4 月出任省長，同年 6 月 23 日，病死任內）。

伍廷芳死後，繼任省長者有魏邦平、陳席儒、胡漢民、徐紹楨、楊廣堪、廖仲愷、胡漢民。

到了 1926 年 10 月 5 日，廣東省長一職，由省長改為主席，首任主席者為李濟深，其後為陳銘樞、林雲陔、黃慕松、吳鐵城、李漢魂、羅卓英、宋子文、薛岳。

我引上述廣東歷任首長名單，就是想說明一點，其間人事變動之大，與政見有關，也與政變有關，由於政見與政變，於是構成了有些官吏，想利用報紙宣傳自己和打擊政敵，其間最為人所熟知者，就有陳炯明之着陳秋霖主持的《香港新聞報》，龍濟光支持的《中外新報》。

1929 年粵桂政變，廣東省主席李濟深上京開會，於 3 月 21 日被扣於南京湯山，桂系李宗仁、白崇禧於是在港創辦《正報》，由廣西前教育廳長黃華表主持。《正報》自然屬於政治性報紙。

1929 年，桂系李宗仁，白崇禧與中央不和，時任第八路軍總指揮者為李濟深（附地是廣東），李亦為桂人，且與李宗仁、白崇禧關係至深，故李濟深於 1929 年 3 月前往南京時，於是月 21 日被扣於湯山。

這是當年的一件大事。

由於李濟深被扣，桂系反抗中央更烈，李宗仁、白崇禧乃着前廣西教育廳長黃華表在香港創辦《正報》，作為桂系之喉舌報紙，這是桂系在香港所辦的第一份報紙。

《正報》出版不久便告停刊。

另方面，李濟深被扣於湯山後，繼任第八路軍總指揮者為陳濟棠，主帥易人，人事自亦有調動。前任第八路軍總指揮部參謀長鄧世增（字益能），因李濟深被扣後，即行來港，跟着他走的，自然還有一班人。在"謀臣"慫慂之下，也擬辦報，作為政治上的一副本錢，於是斥資出版《公民日報》。先租社址，繼買鉛字，印機，並向華民署註冊。

《公民日報》一切出版工作都準備好了，只要鄧世增一聲令下，便可出版。但，《公民日報》出版卻遙遙無期，主要原因，還是經濟問題。因為報紙不是一出版便可以賺錢，而須緊守一個時期，而每月的開支也不少呀，鄧世增在朋友忠告之下，《公民日報》，終於胎死腹中。

至於該報購置的鉛字，印機又怎辦好呢？

恰巧這個時候，也有一班原日追隨孫中山先生的人，如鄧澤如、朱卓文、黃惠龍及華僑吳澤理等也有意辦報，他們的辦報，當然不是純商業性那樣簡單，我們且看他們的身份。

鄧澤如原是暹羅（今之泰國）華僑，孫中山先生奔走革命時即已嚮往孫先生，後加入同盟會、國民黨，民國成立後出任中央監察委員。

朱卓文，中山人，歷年追隨孫中山先生，傳廖仲愷被刺案與他有關，因而離穗，到陳濟棠繼李濟深為第八路軍總指揮，他任職中山縣，後因購買大量軍火，陳濟棠疑其有陰謀，密令梁公福團長將之逮捕，就地槍決。

黃惠龍，歷隨孫中山先生，為孫先生之親信。

鄧世增所辦之《公民日報》胎死腹中後，恰巧鄧澤如、朱卓文、黃惠龍等人也想辦報，他們便將鄧世增所購下之印機，鉛字全數頂下，出版《南方日報》。

但由於朱卓文、黃惠龍、鄧澤如是"外行"，故一切交由區靈俠主理，終因人事經濟不協，《南方日報》出版僅一年便告停版了。

孫中山創辦的《中國日報》

孫中山先生，1866 年生於廣東香山縣（今稱中山市），幼讀於鄉間，十四歲赴檀香山就兄彰德（眉公），入教會學校讀書，到十八歲來港就讀。他目睹中國備受外國欺凌，感到如不奮發圖強，中國勢將被列強所亡，因此與志同道合者密商，認為非革命無以救國，非推翻滿清政府，也無以救國，於是在光緒二十四年（1898）在檀香山創立興中會。顧名思義，該會是以復興中國為宗旨的組織。

接着，孫中山先生便以實際行動來喚起大眾的注意，也使滿清政府的昏官早日覺悟，便實行流血革命，襲擊衙門，刺殺清廷官吏。

到光緒二十五年（1899）時，孫中山先生認為革命是要大家齊心協力，才能獲得成功，而促發眾志成城，莫若辦一份報紙，以鼓吹革命。經大家議決之後，認為香港是一個辦報的最理想地方，因為香港人百分之九十幾是華人，而香港與廣州接近，在香港辦報，易收事半功倍之效。因此，便決定在港出一份《中國日報》。

馮自由先生，十四歲前往日本，認識孫逸仙（中山）先生，後加入興中會，後主持《中國日報》。下文為其撰述該報創刊的經過：

　　自乙未廣州一役失敗後，孫總理久在日本規劃粵事，重圖大舉，知創設宣傳機關之必要，乃於己亥（1899）秋間派陳少白至香港籌辦黨報，兼為黨務軍務之進行機關。少白蒞港後，先向老友何啟、區鳳墀，查探地方官吏對於我國革命黨人之態度。時區方任華民政務司總文案，何則任議政局議員，在香港政界有相當之信用，因悉禁止總理五年入境之期仍未滿限，而少白則可不受拘束。於是租定中環士丹利街二十四號門牌為報館發行所。取"中國者中國人之中國"之義，定名《中國日報》。所有機器鉛字，概由總理在橫濱購辦。

　　初出版時，少白自兼任總編輯，先後助理筆政者，有洪孝充、陸伯周、楊肖歐、陳春生諸人。英文翻譯則為郭鴻逵、周靈生等。經營數月，至是年12月下旬始告出版。初不審英人對華政策所在，一時未敢公然高唱革命排滿之說。半載後措辭始漸激烈，乃惹起中外人士之注意。從前各地中文報紙排印俱用直行長行，不獨香港一地為然。獨《中國日報》始倣日本報式作橫行短行，初時人多異議，《中國日報》毅然不屈。未幾，香港、廣州、上海各報陸續改用橫行短行，是亦報式之革命也。此報除日報外，兼出十日刊一種，定名《中國旬報》。篇後附以《鼓吹錄》，專以遊戲文章、歌謠、什俎、諷刺時政，由楊肖歐、黃魯逸任之。是為吾國報紙設倣諧文歌謠之嚆矢。時革命黨財政並不豐裕，開辦數月已感困難。任廚役者為橫濱同志陳和，報中買菜錢亦時由陳代墊。陳復假諸編輯部中人，其拮据可知矣。

翌年（1900）總理派陳少白及楊衢雲、鄭士良、史堅如等經營廣州、惠州軍事，報中來客頓形熱鬧，在館下榻者有古傲、史堅如、蘇卓南、張碩臣等。時到談者有楊衢雲、鄭士良、宋少東、黃福、練達成、鄧蔭南、馬鏡如、馮自由、李自重、梁麒生、楊襄甫、李紀堂、畢永年、鍾榮光、陳典方、王煜初、伍漢持、方毅父、歐鳳墀、朱通孺、張智若、日人原口聞一（東京同盟會員）、宮崎寅藏、平山周、山田良政、福本誠、伊正東基、濟藤、來永、英人摩根等，可謂一時之盛。及庚子惠州、廣州二役相繼失敗，義師將士，至機關部狼狽求助。報中經濟能力大受影響，殆有不支之勢。幸是時富商李紀堂早由楊衢雲介紹入黨，於接濟軍餉外，尚能擔負報館度支。《中國日報》賴以不墜者，李之力為多焉。

辛丑（1901）春，《中國日報》社址遷移至永樂街。時鄭貫公適因發刊《開智錄》，為橫濱《清議報》所擯，總理特介紹在《中國日報》充任記者。鄭歸自日本，介紹歐美自由平等天賦人權之學說於讀者，持論新穎，極雯社會歡迎。時距庚子漢口失敗一役未久，留日志士沈雲翔、朱菱溪、秦力山、蘇子穀（曼殊）及余等次第至港，多在報社下榻。沈雲翔與粵督陶模之子拙存（葆廉）友善。陶督篤信新學，陶葆廉更以新黨自居，延吳敬恒，鈕永建為幕僚，大興教育。沈每至廣州，陶父子禮之甚優。父子均喜閱《中國日報》，其黜陟屬吏，恒以《中國日報》之評判為標準。故《中國日報》在粵銷場以是時為最佳；僅督署一處，銷售至二百餘份。

清季督撫在粵政績，以陶為差強人意。《中國日報》與有力焉。有一次，陶因閱《中國日報》而將縣官二人撤職，其後知此二人實為好官，不過《中國日報》誤載外界投稿而受人所愚耳。又有廣西志士余化龍者，因事繫南海監獄，屢寄稿《中國日報》，揭示監獄黑暗，獄吏畏之如虎，事事恒遷就之。化龍竟藉勢強姦獄吏之婦，尤屬罕聞。及為《中國日報》所知，因據實加以糾正，化龍終不免伏法。

是年十二月初九日，總理由日本乘日輪八幡丸至港，挈眷寓報館三樓，自乙未廣州一役失敗後，香港政府即不許總理入境。此次適禁限期滿，故孫中山先生得暫寄居。不數日，警長享臣奉命着他出境，總理遂於是月十五日赴越南參觀河內博覽會，前後居港僅一星期。鄭貫公為人豪邁不羈，交遊日廣，與少白意頗不相投。是年七月，因與鄭士良、陳和等飲於水坑口宴瓊林酒樓，士良猝然暴斃，深為少白所不滿。故鄭貫公任筆政不及一載，即辭職另創《公益報》，繼之者為陳詩仲及黃世仲。

壬寅（1902）陶模解職離粵。十二月，洪福全、李紀堂、梁慕光、謝纘泰等，謀於除夕日在廣州舉義，不幸事洩失敗，梁慕光等八人殉難。是役，李紀堂獨任軍餉數十萬元，總理、陳少白均不與謀。事後，廣州《嶺海報》主筆胡衍鶚竟大放厥辭，痛詆革命反清為大逆不道。《中國日報》陳詩仲、黃世仲等乃嚴辭斥之。雙方筆戰逾月，粵垣志士紛紛投稿為《中國日報》聲援，而革命書報在粵銷量為之大增。《中國日報》因擁護革命與他報筆戰，此為第一次。癸卯（1903）春間，《中國日報》以留日學界之革命思潮異常蓬勃，特聘余為駐東京記者，故國內各報留學界消息以《中國日報》為最詳。是年閏五月，上海《蘇報》案起。《蘇報》主人衡山陳範（夢坡）亡命至港，陳少白款待於《中國日報》。陳嗜酒如命，一夕夜起覓酒不得，乃取案頭醫生給予少白之藥酒作鯨飲盡之，一時傳為笑柄。

章炳麟入獄後，時作政論案登《中國日報》，讀者視同拱璧。甲辰（1904）康有為命徐勤發刊《商報》於香港，大倡扶滿保皇主義，《中國日報》乃向之痛下攻擊。是時鄭貫公主辦之《世界公益報》及《廣東報》先後出版，民黨在言論界漸佔勢力。惟《中國日報》以維持困難，乃由容星橋介紹與文裕堂印務公司合併，遷於荷李活道。公司設總理三人，以李紀堂、容星橋、陳少白三人分任之。李紀堂司財務，容星橋司印務，陳少白司報務，報社組織為之一變。此三年間，陳詩仲已赴南洋就星洲《圖南日報》之聘；黃世仲亦改任《世界公益報》記者。在《中國日報》先後承乏筆政者，自王君演、盧少岐、丁雨宸、梁襄武、何冰甫、何雅遠、盧信、廖平庵諸人，時有伍憲子者，藉盧信介紹，將入《中國日報》為主筆，後乃致書盧信，謂因康黨《商報》多出每月筆資五元，故已就《商報》之聘云。可見當日新學志士對於革命保皇二說，尚多未能劃分界綫也。

乙巳（1905）七月，中國同盟會東京本部成立。總理以

42

庚子後內外黨務久已停頓不振，而少白與港粵諸同志復不能融洽一致，遂於八月初十日特派余到香港組織同盟會，兼任《中國日報》記者。時任筆政者為盧信、廖平庵、陳春生三人，翻譯為馮扶、余有長篇文曰："民生主義與中國政治革命之前途"凡二萬餘言，為我國言論界暢論民生主義之嚆矢。《東京民報》第四號及舊金山《大同日報》均轉錄之，香港同盟分會即於此時成立，眾推陳少白為會長，鄭貫公為庶務，余為書記。是年下半期港、粵間革命派報紙異常發達，香港《中國日報》之外，有《公益報》、《廣東報》、及貫公新創之《有所謂報》、黃世仲新創之《少年報》、廣州《有聾報》、《亞洲報》、《時事畫報》。適是時美國新頒禁制華工苛例，馮夏威自殺於上海美領事署前，以警國人。於是港粵各界會商修約問題，經何啟、陳少白二人從中幹旋，略具端倪，即世稱"十二條欵"是也。十月，總理偕黎仲實、胡毅生、鄧慕韓等赴越南西貢，船過香港，假法國郵船，約諸同志開會討論黨務。其時《中國日報》與《有所謂報》因抵制美約事意見不合，互相攻擊。余多方調處無效，總理乃約少白、貫公至法輪，勸令和解，二人從之。十一月黃克強自日本來，下榻《中國日報》，旋赴廣西桂林，訪巡防營統領郭人漳有所活動。十二月，《中國日報》復由荷李活道遷至上環德輔道。

丙午（1906）春，粵督岑春煊宣佈將粵漢鐵路收歸官辦，為粵路股東黎國廉等反對，遂捕黎下獄，並禁止粵中各報登載反對言論。香港股東陳席儒、陳賡虞、楊西岩，乃在香港組織粵路股東維護路權會，函電清廷及各方極力抗爭。

　　香港各報均力助股東，攻擊岑春煊之違法佔權，尤以《中國日報》最為激烈。蓋陳、楊等深佩少白才識，特聘充保路會顧問，故陳、楊等一切策劃皆少白為之謀主也。岑於蒞粵之初，頗重視《中國日報》，對於行政用人之批評，間有採納，及為港報反對，遂下令禁止各報入境，《中國日報》在粵之銷場由是斷絕。識者以《中國日報》被禁之原因，不在於高談革命，而在於維護路權，咸引為絕大憾事。陳、楊等初語少白，謂《中國日報》如有困難，當以萬金助少白向文裕堂承購該報，以酬該報協助之力，其後竟食言而肥，民黨中人咸不值之。未幾，黃克強在桂林以郭人漳與陸軍小學監督蔡鍔不睦，屢勸二人合力反正，均不聽叫，遂怏怏歸香港，仍寓《中國日報》，旋赴南洋。鄂同志吳嵐時奉日知會劉家運、馮特民命至港，欲訪黃協議鄂省軍事。因黃未返，乃在《中國日報》守候兩月。黃回，以餉項不足，令吳返鄂傳語各同志靜候。黃此次赴星洲，僅籌得千數百元，《中國日報》時在窘鄉，竟向黃借資購買紙料，其困狀可見一斑。

　　丙午七月，文裕堂以營業不佳。余於事前預向文裕堂以五千元購取《中國日報》，故得免於此厄。先是，《中國日報》嘗於乙巳冬紀載康有為之女同璧在美洲行騙華僑事。康乃委託保皇會員葉恩在香港法院，控《中國日報》以譭謗名譽之罪，要求賠償損失五千元。此案涉訟經年，迄未解決。《中國日報》搜羅康有為師徒棍騙證據，極為充足，頗有勝訴之望。惟英律凡被告無能力延律師抗辯，即等於敗訴，訟費例由被告負擔。《中國日報》原屬文裕堂印務公司產業之一部，文裕堂如破產，則《中國日報》亦須拍賣，以供訟費賠償之需。一說謂陳、楊前允協助之萬元，乃以之酬報少白兩年來策劃爭取路權之勞，並非以之協助《中國日報》。故少白是時不便向陳、楊進言，以免損及個人權利。後一年，陳、楊三人合酬少白九千元，即是此歟云。余以《中國日報》勢瀕危殆，於民黨名譽關係至巨，乃商路外舅李煜堂，得其助力，事前以五千元向文裕堂購得之，始得免於拍賣。新股東為李煜堂，李紀堂，伍耀廷、伍子簀、吳東啟、麥禮廷、李亦愚、潘子東諸人，眾舉余任社長兼總編輯，新報社待八月遷於上環德輔道三〇一號，時總理在南洋，對於康同璧訟案主張繼續抗訴，特滙欵三千元於少白，使延律師力爭。少白以訟事牽纏費時失事為辭，不欲再事興訟，故此結果遂為無形之失敗。

　　馮自由談《中國日報》，提及李煜堂和李紀堂，這兩人都是香港當年的富商，他們都和《中國日報》有關。

　　李紀堂是廣東新會人，李煜堂則是廣東台山人。李紀堂是香港富商李陞（高陞戲院東主、西環李陞街業主）的第三公子，而李煜堂則是赤手空拳起家。

　　李煜堂名文奎，字煜堂，兄弟七人，均經商美洲致富。煜堂行四，年十八歲即隨兄長出洋，數年後即積資返港，旋創設金利源、永利源兩藥材行。

李氏於 1850 年時出生，十八歲那年，應是 1868 年，到他返港設上述兩藥材行時，約是 1873 年至 1874 年間。

由於李煜堂曾經出洋，眼界大開，除在港開設藥材行，還先後經營廣州電力公司及河南（廣州對岸之河南）機器製麵公司、泰生源出入口貨行等。

到了 1902 年，李氏以香港水火保險業權操於外人之手，國人利權外溢，每年損失不貲，遂聯合香港華商出入口貨行及藥材行百數十家，自行互相保險，名曰"聯益公司"，成績至佳，外商恨之，但亦無可如何的。

李氏旋又創設康年人壽保險公司，為中國人自辦人壽保險之濫觴，成績亦大有可觀，至是先後組織聯泰羊城聯保三保險公司，分店遍設國內各口岸及南洋羣島，時人以"保險大王"稱之。

1905 年，美國宣佈禁止華人入口苛例，粵人馮夏威自殺於上海美領事署前，以儆國人。此舉遂引起舉國大憤，咸揭抵制美貨號召，李氏乃聯絡廣州，香港工商各界成立"拒約會"，以為後援。

香港美商大驚，爰延大律師何啟出面和解，即世稱"十二條約"是也。

1900 年（歲次庚子）李氏嘗遣其子自重留學日本，因與孫中山先生等革命志士認識，且共謀光復大計，1905 年，東京同盟會成立，自重與其妹婿馮自由同受孫先生委託歸國推廣黨務，設分部於香港、廣州、澳門等地。翌年，香港《中國日報》為清室及保皇黨人傾陷，勢瀕歇業，李氏斥巨資承購該報，並使馮自由主其事，該報乃得繼續出版，李氏一生贊助革命至大，厥功至偉，1936年病逝，享年八十有六。

　　1900年《中國日報》在香港創刊，到1911年9月，廣州光復，該報遷穗市。連在香港出版的日子計算在內，《中國日報》當時已面世達十一年，不過，其中也經過不少艱辛、奮鬥，正如像孫中山先生的革命一樣，屢跌屢起，屢敗屢戰。

　　當時《中國日報》同寅，不只要負責報紙採訪，編輯，撰述的事務，而且還要負責興中會，同盟會的事務，而且還要協助在各處起義的事務。

　　《中國日報》十一年來的負責人，其中著名者有馮自由、謝英伯、朱執信等。他們都是一面辦報，一面參加同盟會工作的。

　　1908年，清帝光緒逝世，皇位由三歲大的溥儀繼承，並改年號為宣統，當時，《中國日報》副刊於己酉（1909）三月的月份牌上，有對聯曰："漢家何日重頒曆？滿族至今又改元。"

　　是年春，清攝政王載灃（宣統之父）實行排漢，時《中國日報》特向讀者徵聯，聯首為"未除乳臭先排漢"，乃朱執信所擬。省港及南洋各地讀者，紛紛應徵，珠玉紛投，最後由胡漢民、汪精衛二人評定，首名為"將到長毛又剪清"；次名為"橫掃羶腥獨立旗"。該聯乃南洋華僑鄧澤如所作。

鄧澤如後來加入革命黨，與胡漢民相交至篤，後且任中央黨部監察委員。

1932年，陳濟棠在廣州成立西南政務委員會，鄧澤如、蕭佛成等在廣州任事，成為陳濟棠之上賓。所以在這幾年間，廣州人無不知有鄧蕭兩人者。

《中國日報》在香港出版時期，對於清廷攻擊不遺餘力，因此引起清官不滿，但因為《中國日報》在港出版，清廷官吏無法干預，於是嗾使廣州報紙反擊。當時，有一份由賭商蘇星衢（綽號蘇大闊）辦有一份《嶺海報》，該報是專刊廣州花事新聞的。廣州官吏以蘇星衢是賭商，而賭商必須聽命於官府，於是乃着令蘇星衢，囑《嶺海報》對香港《中國日報》予以反擊。

當然，《嶺海報》之攻擊《中國日報》只是潑婦罵街式，沒有學術性，理論性可言，《中國日報》見了，當即予以反駁和抨擊，打得《嶺海報》無地自容。

這是省港有報紙以來，第一次的筆戰。以後，不只報紙與報紙之間有筆戰，甚至同一報紙內，專欄作家也有筆戰了。

《世界公益報》和《有所謂報》

　　上世紀三十年代，香港報紙甚多，有所謂"大報"者，亦有所謂"小報"者。所謂"大報"，是指《華字日報》、《循環日報》、《華僑日報》、《工商日報》、《星島日報》而言（以出版先後為序，《星島日報》於1938年8月1日出版），"小報"，則指《探海燈》、《胡椒》、《開心》、《骨子》、《先導》等而言。為什麼稱這些為"小報"？大概讀者以其為"四開紙"，紙型比"大報"小一半（大報為對開紙），故稱其為"小報"。

　　香港之"小報"，不自《探海燈》始。香港第一份"小報"，乃《有所謂報》。

　　1905年有一份新報紙出版，名為《有所謂報》，主其事者為鄭貫一。鄭氏原任日本橫濱《清議報》編輯，因與馮自由、馮斯欒等創辦《開智錄》，鼓吹革命，為梁啟超所逐，孫中山先生於是函邀彼等加入《中國日報》。

　　1901年歲次辛丑，鄭氏自日本歸來，就職於《中國日報》，嗣因事辭職，擬組織出版另一份日報，以提倡革命為職志，於是四處招人入股，這份日報亦即後來的《世界公益報》。該報有許多創新地方，對香港報紙之改革，頗有貢獻，惟以成本攸關，遂不得不略增報費。其後，鄭又放棄《世界公益報》，另創《廣東報》，均無所憑藉，而以獨力成之。

《世界公益報》與《廣東報》，均非革命黨人所辦，亦非支持革命黨，它只是同情革命黨而已。後來，《世界公益報》以資金告竭，股東爭相承辦，至訴諸法律，卒致宣佈收盤。後由呂姓者出資投承，繼續辦理，宗旨如前，頗受讀者歡迎。到1917年，該報為債權人所控，查封開投，又為陳某等人所投得，繼續營業，惟僅數月，即告閉歇。

這是鄭貫一在香港辦報之簡史。

在1905年，也即是《世界公益報》出版兩年後，他又辦香港第一份"小報"《有所謂報》，該報面積比其他報紙為小，內容又與其他各報有異，因此香港以"小報"目之，名之，加以"有所謂報"之報名，亦與其他"堂堂之陣，正正之旗"，報名嚴肅之名有異，故稱之為"小報"。

有一點我想先提的，就是李伯元三十歲在滬辦報，僅及十年便因病去世，享年四十，而鄭貫公比他更英年早喪，死時僅二十六歲，而且還遺下一段可歌可泣的愛情故事，令人憑弔。

1905年《有所謂報》創刊後，鄭貫公以全副精神，致力於報業，1906年夏，鄭的太太馬氏突患時疫，鄭貫公悉力搶救，終將太太之病醫好，但是鄭貫公反因照顧太太，而染上了疫症，結果竟告不治，病逝香

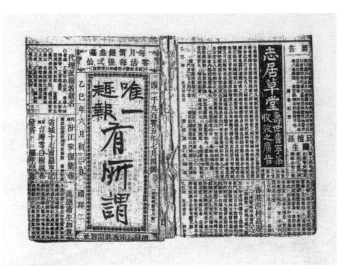

香港第一份"小報"——《有所謂報》

港，享年僅二十六歲，而他的太太馬氏，自喪夫後，痛不欲生，跟着也服毒殉情。

鄭貫公是一位極有上進心的青年報人，有才幹，有膽色，而竟死於疫症，實在是當時香港報壇一大損失。

鄭貫公的生平，有不少值得細說的片段，茲拉雜言之。

鄭貫公（1880 年至 1906 年），原名道，字貫一，廣東香山人，出身於貧苦農家，十六歲東渡日本，在族人壽康擔任買辦的太古洋行橫濱支店做傭工。

戊戌以後，入康有為、梁啟超等人辦的東京高等大同學校讀書。在學時，結識了蔡鍔等同學。後來，鄭貫公對於康有為、梁啟超的保皇黨言論不滿意，故於 1900 年間，在日本橫濱創辦了《開智錄》，該刊是一份半月刊，初為油印，後來，它接受了孫中山先生的二百元資助，改為鉛印。

這是鄭貫公和孫先生發生關係之始。

到了 1901 年，鄭貫公由孫先生介紹他到香港的《中國日報》任職，擔任該報旬刊的主編，在該旬刊上，鄭貫公極力鼓吹自由、人權，每受社會人士重視。

鄭氏喜歡仿效嶺南即事體，寫成粵語駢文，以遊戲文章來宣傳革命，趣味盎然，大受讀者歡迎。

香港報紙，常有粵語夾雜其間，而且後來更有所謂"三及第"文字（把文言、語體及粵語夾雜一起），以粵語入報刊文字者，均謂以鄭貫公為首。

當時，鄭貫公主編之《中國日報》旬刊之受讀者歡迎，或謂與其文字生動，有親切感有關云。

後來，鄭貫公與陳少白意見不合，未及一年即行辭去《中國日報》的職務，另辦《世界公益報》、《廣東日報》及《有所謂報》，並兼總編輯。

1903 年，基督徒林護、譚民三創辦了《世界公益報》。譚與鄭友善，聘鄭任該報總編輯，鄭赴日本購買印刷報紙器材，香港報章之有電版插圖，亦自《世界公益報》始。

該報人材頗盛，先後在該報任編輯、記者的，有黃魯逸、李大醒、黃世仲、黃耀公、崔通約等。《世界公益報》每日出紙兩大張，分"時論"，"京省新聞"，"雜評"，"萬國新聞"，"粵閩、港聞"等欄。這種內容，與八十年後的今日報紙類似，所異者，就是以前用老五號字排印新聞，今日則用六號字排印。在容量上，今日報紙因字體細小，故能容字數較多。

今日報紙，每版可容一萬七千字（全部六號字，不計標題），假如出紙兩大張，全部用六號字，又不計標題，則每日篇幅可容納十三萬六千字，而1903年的《世界公益報》，因用老五號字，而又除標題、電版、廣告，實際上只有五萬字而已。

該報之黃魯逸，善撰粵曲，廣東老報界中，很有名氣。至於李大醒，後來做了華商總會所辦的《華商總會報》的總編輯。其後，岑維休、岑協堂、陳佳等收購《華商總會報》器材，於1925年6月5日改出《華僑日報》。該報出版第一個月，仍為李大醒當總編輯，第二個月，才由胡惠民出任總編輯一職。

《世界公益報》出版後，鼓吹"變專制為公利，變滿清為皇漢"，"投袂而起，光復中國"。在讀者眼中，認為該報是香港革命黨報的第二家，第一家當然是孫中山先生創辦的《中國日報》。

該報附刊名曰"嘐報"，內容有詼諧文字，更有諷刺漫畫，自然也有黃魯逸之"粵謳"，所以很受讀者歡迎。

隨後，鄭貫公與陳樹人（後來成為嶺南名畫人，歷任國民政府僑務委員會委員長）、胡子晉、楊計伯等人，另組《廣東日報》，於 1904 年創刊，由鄭貫公主編，編輯、記者有李大醒、勞緯孟等。

勞緯孟後來做了《華字日報》的總編輯，是香港報壇中的名報人。

鄭貫公創辦的《有所謂報》，其報頭很特別，上面有四個小字，分兩行排，右邊第一行是"唯一"，左邊第一行是"趣報"，其下則為三個大字"有所謂"，所以一般讀者多稱之為"有所謂報"。

鄭貫公雖然擁護孫中山先生，但言論上與《中國日報》有時也不相同，而且曾因抗美約事件，《有所謂報》曾與《中國日報》展開筆戰，後來，孫先生乘輪船過港，曾約陳少白、鄭貫公相會，予以排解，兩報才停止筆戰。

戊戌變法失敗後，康有為、梁啟超等人在南洋、美洲一帶建立了大量保皇黨組織，勢力至大，號稱擁有會員十萬，而會員大部都是粵人，而鄭貫公的《有所謂報》，則大事抨擊滿清，這與康有為、梁啟超的"保皇"思想大相違背，因此大招康梁之忌和憤怒。

1905 年 11 月 23 日，《有所謂報》發表了專稿，題為"出資購人刺本報記者之詳情"，揭發保皇黨方面，企圖對該報主編鄭貫公行兇的陰謀，據報導：保皇黨方面以先付二百兩，事成後再付二千兩為條件，收買刺客於 11 月 4 日潛來香港行事，因為事先為該報察覺，遂投港政府存案，由港府派出便衣警探保護，並派人緝兇，因此該宗暗殺事件不至發生云。

《有所謂報》發表該文，最低限度是反映了鄭貫公曾向香港警方報案，否則，該報不會這樣說，假如沒有報案，警方讀報也會追究的。

鄭貫公報案的可能性是有的，但康有為、梁啟超的保皇黨是否有買兇要殺他則是另一回事了。

李伯元於 1897 年在上海創辦《指南報》，不久改辦《遊戲報》，該報被稱為上海第一張小報，而鄭貫公於 1905 年 6 月 4 日在香港創辦《有所謂報》，該報被稱為香港第一份小報。

李伯元之《遊戲報》與鄭貫公之《有所謂報》，雖同被稱為上海、香港之第一份小報，但根據前人所記，《遊戲報》純以遊戲文章出之，是一份消閑刊物，而《有所謂報》，雖亦有遊戲文章，惟嬉笑怒罵，多含有政治色彩。

如果以三十年代香港之小報為例，李伯元辦的遊戲文章，類似任護花辦的《先導》，而鄭貫公辦的《有所謂報》，則類似林柏生辦的《胡椒》、關楚璞辦的《探海燈》。

香港基督徒辦的報紙

提起《大光報》這名字，香港新聞界人士多有認識，且許多人還曾在《大光報》服務過。即使上了年紀的香港人，更知道《大光報》這個報名和它的歷史。

1912 年，孫中山先生當選臨時大總統時，一次，他因事過港，認為香港地區須有一份報紙，於是請基督徒尹文佳醫生、伍漢墀、關心焉醫生、張祝齡牧師等籌辦報紙，並定名《大光報》，由洪厚聰任總編輯，尹文佳則為該報之負責人。

由於尹文佳醫生是基督徒，因此，社會人士也以為《大光報》是基督教會所辦的。事實上，該報平日言論新聞，絕無教會色彩，只於每年聖誕節中，出版一份特刊，以資紀念而已。

其實，真正有基督教色彩，而由基督徒主辦的報紙，始於 1890 年，該報名曰 "郇報"。不過，這份報紙出版不夠一個月便告停刊。

到了 1906 年，德國禮賢會葉牧師，倡設德華《朔望報》，歷時三年，又終告停刊。

《大光報》可以說是第三份由基督徒出版的報紙了。

1913 年，袁世凱出任總統。他收買龍濟光，出任廣東都督，打擊革命黨人。而《大光報》對袁龍兩人抨擊至力，立論公正，深為各界人士叫好。

其後，《大光報》人士略有變更，計主持社務及編報者，有麥梅生、黃冷觀等人。

到了 1932 年，陸慧生邀得顏成坤（中華巴士公司董事長）等加入《大光報》，並由陸氏任社長，當時在《大光報》編輯部工作者，多成為戰後本港之名報人，他們或已退休，或仍在報壇工作。

陸慧生是虔誠基督徒，由於《大光報》向被人視為基督教報刊，所以陸慧生任內之《大光報》，港人仍作如是觀。其實，《大光報》是孫中山先生發起的，創辦的，出錢出力者則為基督徒。

這樣一來，好比孫中山先生奔走革命，登高一呼，四方景從，有錢者出錢，有力者出力，例如港人李紀棠、李煜堂等是也。在清末之際，有一二萬元身家者即被目為富翁，而李煜堂和李紀棠所捐出之款項，即達數十萬元，而出生入死之革命志士，更不計其數，基督徒之出錢出力遵孫先生之囑而創辦《大光報》，亦復如是。

孫中山先生奔走革命要推翻滿清，取消二千餘年來的封建帝制，但手上沒有錢，於是憑他的理想，理論去感動人、號召人。結果，許多人跟着他走，有錢的出錢，有力的出力，甚至犧牲性命也在所不惜。

大家都知道辦報要有錢財、人才和器材，尤其是錢財。因為有錢才可以招攬人才，購置器材。但是，孫中山先生卻沒有錢財，但為了宣揚革命，於是在香港辦起《中國日報》來。

《中國日報》是孫先生奔走革命，在香港開辦的第一份日報。開辦費都是由陳少白等人籌措的，並於光緒二十五年（1899）創刊。

到了 1912 年，清帝溥儀遜位，民國建立，孫先生當選總統。他以香港為革命搖籃，港人熱愛祖國，故此地不能沒有一份報紙。於是請基督徒尹文佳醫生、伍漢墀、關心焉醫生（當年國父學醫同學）、張祝齡牧師等籌辦報紙。結果，該報很快便出版了，那就是《大光報》。

香港人大多數以為《大光報》是基督教辦的報紙，其實正確的說法，應該是 "香港基督徒辦的報紙" 或是 "孫中山先生請基督徒辦的宣揚民主、自由、愛國的報紙"。

1920 年 1 月間，《大光報》在港創刊八周年紀念時，孫先生特頒訓詞，原文是：

大光報發行年刊，微詞于余，大光之立，至今八年，持正義以抗強權，于南方諸報中，能久而不渝者，惟此而已，故予樂為之詞。

光明之為人類所愛也，實為有生俱來之本能之發動，不假教導而能者也，惟其所肇，蓋以人類由動物之有知識，能互助者進化而成，當其蒙昧，力不如獅虎牛馬，走不如犬

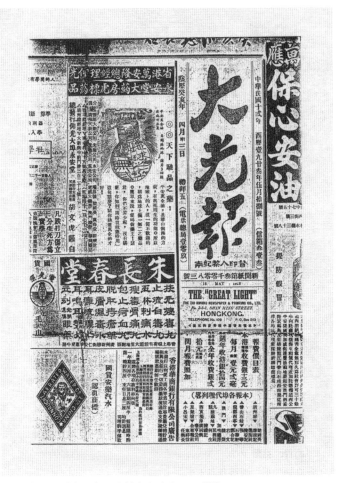

《大光報》與孫中山先生的革命事蹟有過一段緣

免，潛不如魚介，飛不如諸禽，而猶能自保者，能互助，故
能合弱以禦強，有知識，故能趨利以避害也。

夫趨避之事，以所知為前提，而動物之所持知者，第一
為光明。惟有光明，故于猛獸之來襲，可以力禦之，可以智

避之也。于自然之景象，孰可利用，孰能為阻礙，可得試驗而知也，惟有光明。人與人才可以相識相親，而後互助之責可舉也。

　　孫先生所題《大光報》八周年紀念之訓詞，不只為《大光報》創辦之宗旨，亦訓勉國人做人之宗旨。蓋光明正大，始能與人交，人亦始樂與為友。同時，更認為有正義者，才可以結為力量，更足以抵禦強權。今日再讀此文，仍覺發人深省。

　　香港《大光報》於 1938 年 10 月 21 日廣州陷敵後，為了加強中國抗戰大後方的宣傳，特由香港遷往廣東戰時省會的韶關出版。

　　《大光報》雖然把香港印刷器材遷往韶關，但由於抗戰大後方的物質缺乏，出版報紙實在很困難。但是，該報在上下一心之下，終於發揚光大。成為廣東戰時後方最暢銷的報紙，戰後復員廣州，也成為穗市最有聲譽的報紙。這是《大光報》三巨頭努力得來的果實。

　　《大光報》三巨頭是陳錫餘、陸慧生、曾復明。

　　《大光報》在韶關出版後，陳錫餘任社長，陸慧生任總經理，曾復明任總主筆。

　　陳錫餘十餘歲時由故鄉到廣州定居，他一邊讀書，一邊在新聞界服務，歷任廣州、香港、上海各報駐穗記者、特派員、分館館長。1937 年 7 月 7 日，我國抗戰，敵機常來轟炸廣州。他在太平南路的酒店，租了一個長房，以便工作，常在空襲警報中，躲在房間撰寫新聞，以便拍電及寄發。

陳氏的"拚命工作"，自青年時候便已養成。陸慧生與陳錫餘的個性便恰恰相反，他實行八小時工作，八小時睡覺，八小時娛樂。公餘之暇，他便去娛樂身心，喝酒，這是他的最大享樂。

陸氏由港到韶關之後，除任《大光報》總經理外，並出任廣東省府參議，又任廣東省府印刷所長，他為人隨和，人緣又好，對《大光報》的發展，有很大的助力。

總主筆曾復明，體格魁梧，相貌堂堂，是個大貴之相。在韶關時，他經常手持拐杖，口啣烟斗，談吐得體。第一次見他的人，都知道他是"非同凡響"之輩。事實上，他在青年時便與國民黨要人稱兄道弟，猶與好幾位省長級、部長級人員最稱莫逆。不過，他的為人，好講風度，不輕易求人，也不輕易屈居人下。做報社的總主筆，可以說是他最稱心滿意的工作。

在韶關時候，廣東省府聘他為顧問，他認為無損於他的風度，故亦接受。

1949 年，曾氏來香港寓於北角麗池，並為《星島晚報》撰寫"時事分析"，1968 年的一個周末，他正伏案撰稿，不料腦沖血暈倒去世，享年六十八歲。

1938 年 10 月 21 日，廣州失陷後，粵省府遷至連縣,《大光報》亦轉移到韶關工作。

1939 年元旦,李漢魂在連縣接任廣東省府主席,以第四戰區司令長官司令部設於韶關民生路(當時司令長官為張發奎),而省府則設在連縣,軍政聯繫殊感不便,於是決定將省府由連縣遷至曲江縣之黃岡。

韶關原屬曲江縣,而韶關與黃岡,相距約十公里左右,有鐵路及公路可通,兩地來往極為便利。

在 1938 年以前,韶關也曾有過一份地方報紙,不過停版很久了。

廣州於 1938 年 10 月 21 日失陷以後,我到了韶關,那時韶關是沒有報紙的,但在 1939 年便不同了,當時在一年之內,甚至在四個月內,便出版了三份報紙。

最先出版的報紙是中宣部的《中山日報》,社長是李伯鳴,出版日期是 5 月 5 日。

第二份出版的是《大光報》,社長是陳錫餘,總經理是陸慧生,總主筆是曾復明,出版日期是 7 月 7 日。

第三份出版的是第四戰區的《陣中日報》,社長是謝壽南,主要編輯人員是饒沙鷗、蔡逢甲等,出版日期是 8 月 13 日。

原來,抗戰時候,中國共劃分了十個戰區,每個戰區的政治部要負責出版一份《陣中日報》。

且說《大光報》在韶關出版,為什麼會由陳錫餘出任社長呢。說來也有一段“前因後果”。

陳錫餘未滿二十歲，即身兼廣州、香港多間報館的記者，後來，也任香港《大公報》廣州分館館長，香港《大光報》駐穗特派員。廣州陷敵，陳錫餘也到了韶關。過去，陳氏在穗採訪新聞，軍政要人對他十分器重。有一年，香港《工商日報》因為刊登一段"獨有新聞"，疑為陳錫餘所供給。陳濟棠大怒，要公安局長捉人，陳於是被扣，後來由蕭佛成、胡秩五等人說項也無效。是時，適逢陳濟棠愛將李漢魂師長回穗，知道這件事，乃向陳濟棠力保，同時也確知這段新聞不是陳錫餘洩漏出去的，終將他釋放。不然的話，陳錫餘可能含冤被槍殺也未可料的。

後來，李漢魂做了省主席，自然對陳錫餘更加重用了。因此，便由他擔任《大光報》社長。

《大光報》遷至韶關時，其員工及印刷器材，係由香港乘輪先赴汕頭，再由汕頭經陸路而入韶關。

自古以來，韶關均被目為重鎮，是兵家必爭之地，故亦有"銅韶"之稱，這裏地勢險要，北連湖南，東接南雄、江西，西接英德、清遠、四會、肇慶而入廣州。

韶關地形頗妙，市區如一長帶，西面有武江，源自湖南，滾滾而下，旁有上窰、黃田壩、河西，東有湞江，源自江西，順流而下，旁有東河壩。武江，湞江分由湘、贛兩省而下，至韶關市區之曲江大橋對開昔日之舊機場（陳濟棠為"南天王"時所建，駐有空軍一隊在韶）匯合，而成為"北江"。

北江水順流而下，而與高要之西江水匯合，再而流入珠江。韶關，昔為曲江縣縣城，縣府即設在風采路之風采樓旁，而接近風度路之風度樓。自 1939 年元旦，李漢魂繼吳鐵城接任廣東省府主席後，將省府遷至曲江縣之黃岡，曲江縣府即遷入犁市。

韶關雖為兵家必爭之地，亦為湘贛兩省行商常到採購之區，惟市區不大。當時人口包括黃田壩、河西鄉民及由廣州與四鄉疏散至此的羣眾，總數也不過萬餘及二萬人而已，那時韶關突然有《中山日報》、《大光報》、《陣中日報》在四個月內先後出版，這不能不說是一個奇蹟。

《大光報》社址在韶關市區外之五里亭，位於武江之濱，《中山日報》與《陣中日報》的地址則在河西。1941 年聖誕節前夕香港淪陷，港人紛紛逃難至韶關，而韶關亦已改市，人口增加逾倍，而每日出版之日晚報更多至十餘份。《大光報》也在這個時候，業務日益發達，分社也紛紛設立，計有粵南版（初在廣州灣，後遷入遂溪縣寸金橋）、連縣版、老隆版、興寧版。

1945 年 8 月 15 日日本無條件投降，《大光報》總社由老隆（韶關於 1945 年 1 月 18 日失陷前，總社遷往老隆）遷往廣州，另在汕頭設粵東版，及在韶關設粵北版，在海口設海南版。

廣州總社於 1949 年 10 月 14 日前一日停版。而海南版亦於 1950 年初因海口易手而告停刊，《大光報》由 1912 年創刊，至廣州總社及海南版停版，計先後出版共三十七年。

戰前的香港，戰時的韶關，戰後的廣州，市民多聞陸慧生之名，而新聞界同業，更無一不知有陸慧生。因為陸慧生是香港《大光報》，韶關《大光報》，廣州《大光報》的總經理，殊不知陸氏在未出任《大光報》總經理之前，曾任香港多間報社的編輯、總編輯和社長。

戰後復員廣州，陸氏除任《大光報》總經理之外，還是廣州的《廣東英文新報》社長，《原子能》三日刊發行人事經理，《大行日報》發行人。

他是廣東南海人，1901 年出生，1920 年畢業於香港皇仁書院。那年，他只不過十八歲而已。就在他畢業那年，恰巧革命黨人在香港創辦《香江晨報》，社址設在蘇杭街，那時，許多黨國要人都為該報執筆撰寫稿件，同時，也常到《香江晨報》會晤。當年，電訊新聞，甚為寶貴，報章常以 "二號字粒" 執排，以示新聞之重要。其實，這也因為電訊仍未普及所致。

其後，陸氏又轉任《中國新聞報》，《東方日報》編輯，又任《公論報》總編輯、《香港晚報》社長。這時，已是 1925 年香港大罷工之後的事了。

陸慧生由十八歲起便在報社工作，先做翻譯，後做編輯，幾年之間，升任總編輯、社長。這除了因為他在皇仁書院畢業，英文造詣好之外，其次就是他的中文也很好，另外，他還有一副"大本錢"，就是他的相貌俊美，嘴角永遠掛着微笑。我認識他四十多年，每次見到他，都見他笑臉迎人，到了晚年，更顯得慈祥可親。

有一次，他應某大專學院去演講"公共關係"他說："我不管公共關係的學說是怎麼講，憑我個人的瞭解，我認為'公共關係'，最重要的就是人和。……"這話說得有理，而他也是憑了這"人和"二字真言，去闖天下，終於在新聞事業上大有成就。

陸氏在 1948 年從廣州來港，設立和興行有限公司，並任經理。到了 1961 年，出任香港中華汽車有限公司公共關係主任，至 1976 年始行退休，那時，他已七十六歲了。

不過，年老的陸氏精神還很好，他現與太太同居美孚新邨，每天早晨兩老去嘆早茶，下午去飲咖啡，同時，還是"酒照飲"，但是"舞未照跳"而已。提起他的飲酒，笑話甚多，每個醫生都勸他戒酒。但陸氏卻搜羅世界著名醫生談酒對人體有益的談話文稿給醫生看，醫生笑說："酒可照飲，只是沖淡點吧！"於是陸氏又飲個痛快了。

一樁轟動香港的 "報變"

在香港報業史上，有一段 "報變" 史話，曾經轟動一時。何謂 "報變"？它就是一份報紙原是某甲所辦，但在一夜之間，忽然反甲，而且連報紙的名稱也改變了。社會人士稱這種現象為 "報變"。

本文所提的 "報變"，主角是陳秋霖。

大家都知道：孫中山先生與陳炯明原是一對很要好的革命同志，所以 1911 年 9 月，清帝溥儀遜位，廣東地方紳士推舉胡漢民為都督。到了 1912 年，孫中山在南京就任臨時大總統，胡氏跟着離粵，廣東都督一職便由陳炯明繼任。

接着，袁世凱做了總統，後來還想做皇帝，因此引起全國人民反對。到了 1916 年 6 月 6 日，袁世凱終於在千夫所指，萬民口誅之下謝世，到了 1922 年時，陳炯明主張 "聯省自治"，與孫中山先生政見相違，孫陳兩人意見，便有所衝突了。

陳炯明為了加強宣傳，特着陳秋霖在港辦報。

陳秋霖於是在士丹利街開辦《香港新聞報》。該報在新聞及言論方面，當然是偏袒陳炯明無疑。

到了 1924 年，中國國民黨改組，開第一次代表大會於廣州，是年 11 月，北京政變，總統曹錕下野，段祺瑞、張作霖等邀孫中山先生前往北京共商國是。就在這個時候，陳炯明更不容於國人、黨人，而且經濟力弱，難以維持《香港新聞報》。另一方面，有人向陳秋霖遊說，請他擺脫陳炯明，陳秋霖首允。於是，第二天出版的報紙，不是《香港新聞報》，而變為《中國新聞報》了。對於此事，香港人稱之為"報變"。

報變之後，陳秋霖由香港前往廣州，並出任國民黨監察委員。1925 年 8 月 20 日，陳秋霖往訪廖仲愷（廖承志之父，當時廖仲愷為黃埔軍校黨代表、財政、農工負責人），適廖仲愷與夫人何香凝出門，擬往中央黨部，廖遂邀陳秋霖上車，詎抵中央黨部門前，突遭人開槍射擊，廖仲愷與陳秋霖均喪生，何香凝幸告無事。

當時《中國新聞報》人材濟濟，吳稚暉、陳公博、王居素常為該報撰稿。陳秋霖之弟陳孚木，也曾在該報做校對。陳秋霖死後，所遺監察委員一缺，後來也由陳孚木補上，他且曾一度出任國府交通部次長，當年在《中國新聞報》任編港聞之編輯。

1925 年 5 月 14 日，上海日本紗廠工人為了抗議廠方無理開除工人和扣發工資舉行了示威，第二天，該廠工人代表顧正紅在與廠方交涉中，遭日本人開槍殺害，引起了上海各界公憤。接着上海大學生為此事進行集會，募捐接濟死傷工人的家屬，竟被英租界的工部局拘捕了六名學生，另有四人因參加了顧正紅追悼會而被英租界的巡捕拘捕。5 月 30 日，上海的工人、學生、商人紛紛上街示威遊行，聲援被捕學生；不料，英國巡捕開火，當場打死四人，重傷二十人，五十人在事件中被捕。在中國近代史上，這便是有名的上海 "五‧卅慘案"。

到了是年 6 月 23 日，廣州學生，工人及各界人士為了反對上海租界英軍殺人，於時組織巡行隊伍示威，參加者達十餘萬人，怎知巡行隊伍經過沙面租界對岸的沙基路時，竟被英軍開槍射殺，死傷二百多人，這就是廣州有名的 "六二三沙基慘案"。

這事件發生後，惹起香港華人一致憤怒，於是學生罷課，工人罷工，連在西人處當傭工的華人也辭職不幹，甚至連清糞婦人也實行 "罷倒"（倒糞），因而使香港一度變成了 "臭港"。

《中國新聞報》每日將各界罷工情形盡量刊出，香港政府認為這次 "省港大罷工" 事件中，香港之所以受到影響，是由《中國新聞報》煽動而成的。於是，由軍警執行，將該報封閉。這樣一來，更引起全港印刷工人的憤怒，因此實行罷工以示抗議，此舉頓即使香港各報一時無法出版。

這時香港的著名報紙有《華字日報》、《循環日報》，而《華僑日報》，則剛剛於是年 6 月 5 日出版。在這次事件中，它亦與各報一樣，因排字工人罷工，以致無法出版。當時，《華僑日報》負責人岑維休與陳佳兩位先生，有見於全港無報紙，對市民會帶來不便，因此堅持要繼續出版。該報於是改用石印方法來解決印刷問題，故《華僑日報》在“省港大罷工”期間，是香港出版的唯一一份日報。

《華僑日報》二三事

　　《華僑日報》創辦人岑維休先生於 1985 年 12 月 19 日下午六時，病逝港島法國醫院，享年八十九歲，而他能一直主持《華僑日報》凡六十二年，這在香港報業史上，甚至在中國報業史上是罕見的，不單如此，他從報的報齡，卻有七十二年，而且這七十二年來，從沒有離開報壇，這更是難能可貴的事。

　　香港第一份中文報紙，由伍廷芳、黃勝創辦的《中外新報》，於 1858 年出版，其後有王韜的《循環日報》、《華字日報》，但這些報紙都早已先後停刊，在現存數十份日報晚報中，歷史最長的要算《華僑日報》了。

　　《華僑日報》創刊於 1925 年 6 月 5 日，距今是六十二年，而同年 7 月 8 日，《工商日報》也在香港出版，比《華僑日報》僅遲了一個月零三天，可惜《工商日報》已於 1984 年 12 月 1 日停刊！

　　在《華僑日報》創辦之前，岑維休先生已在報界服務。

　　岑先生生於 1897 年，他在育才書社畢業後，考獲香港大學入學試資格，時為 1915 年，年方十七歲，老師見他成績優異，便介紹他到《南華早報》任見習營業員，月薪只有十五元，而當時一般持有港大入學試合格資格的人，起薪點為六十元，老師怕他不滿這個低薪職位，於是安慰他，鼓勵他不要斤斤計較薪酬，目光要遠大一些，只要堅持下去，將來必有所成。

岑先生對報社工作，也感興趣，加上他那時只有十七歲，沒有什麼負擔，所以便安心工作，而他的主要工作是製訂"報紙銷量統計圖表"。這在當時的報界是一項創舉，《南華早報》高層見了，很為讚賞，於是在岑氏任職數月後，將其月薪加至七十元。這在七十多年前，是一個龐大的薪額，因為那時香港的中級公務員和洋行職員，月薪也不過三四十元，女傭月薪不過三四元，普通人的每月伙食，也不過四五元而已。

岑先生在《南華早報》服務了十年，那時有一份《香港華商總會報》，東主是岑先生的朋友，因為該報辦得不如理想，有意出讓，他希望岑先生把它買下來，繼續辦下去。岑先生聽了，便和兄長協堂及舊同事陳楷商量，結果，把《香港華商總會報》買下，並改名為《華僑日報》。

時為 1925 年，岑先生此時創辦《華僑日報》，年齡也不過二十七歲。

至於《香港華商總會報》之創設，也值得一談。顧名思義，它是香港華商總會的報紙。為什麼香港華商總會會辦起報紙來呢？主要原因：第一，在 1919年以前，香港的報紙不多，而且其中亦以政治性的居

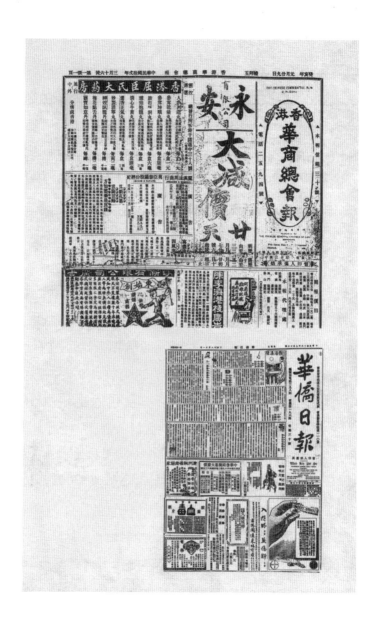

1925 年 6 月，《香港華商總會報》停辦後，由岑維休等接手，改出《華僑日報》。圖為該兩報之縮影。

多，一般沒有多大篇幅，肯替商人講話。香港華商總會，既是全港華商精英所組合，他們自有對香港應興應革之事的見解。還有，那時華人做議員的也不多，大眾對港府有什麼意見，也無從表達，於是在1919年正月初七日香港華商總會的巨頭集會的時候，該會主席劉鑄伯倡議："為了表達民意，我們何不創辦一份報紙，為會員謀福利，也為廣大市民謀福利？"這意見立刻獲得華商總會的巨頭們同意，並於正月十二日，舉行同人額外會議，將此案通過。

到了3月28日，該會值理敍會，劉鑄伯宣佈該《香港華商總會報》籌備經過，並準備於4月出版。且謂：日前議定由會撥銀一萬元為開辦費，但這筆資金已不敷用，故須撥足一萬五千元，方可成立。

關於該報，最初擬用有限公司名義出版，後經該會法律審查員研究，認為用香港華商總會之名義方合，故議決將有限公司之名義取銷，由該會任馮煥如為督印人，並以總會正司座李葆葵，副司座馮平山，及司理葉蘭泉等出名擔任各要職。到了1925年《香港華商總會報》以成果未如理想，各負責人不願支持，但是，最後由李葆葵出讓與岑維休、岑協堂及陳楷。岑維休等則於1925年6月5日改出《華僑日報》，第一個月之總編輯仍為《香港華商總會報》之總編輯李大醒，到了第二個月，便由胡惠民出任總編輯。

當時，岑老先生購買《香港華商總會報》，連該報人員也繼續錄用，所以，《華僑日報》第一任總編輯，是由《香港華商總會報》的總編輯李大醒出任。不過，他只做了一個月便辭職，岑老先生即聘請胡惠民出任總編輯，所以《華僑日報》在華民司署註冊的總編輯，第一個就是胡惠民。

胡惠民原在廣州任孫科、李祿超辦的英文報 *DAILY -SUN* 任記者，後升總編輯，對廣州情形相當熟悉，而香港報紙也很重視廣州新聞，胡惠民出任《華僑日報》總編輯，自然駕輕就熟，但有關廣州及粵省新聞找誰主編好呢？這時胡氏想起張知挺來了。張知挺原在廣州報界任職，為人誠懇沉實，做事小心，於是親上廣州找着張知挺，聘他來港主編內地新聞版。

胡惠民任《華僑日報》總編輯時，只不過二十餘歲，但這人的腦部特別發達（朋友皆稱他為大頭胡），思想靈活。那時，香港各報除了注重廣州，廣東各縣的新聞之外，對上海的新聞也很重視，而這些新聞，都是隔日才拍來。胡惠民認為新聞要爭取時間，於是親到上海，物色訪員（當時還稱訪員，未稱記者）。結果，一切談妥了，隨即將當日發生的新聞，以第一時間發來香港《華僑日報》。

香港報紙報導即日上海新聞，以《華僑日報》始，也即是由胡惠民在任時起。這是胡惠民任總編輯後，對《華僑日報》的第一個貢獻，也是對香港報業第一個貢獻。除此之外，胡氏還在上海代《華僑日報》買了一副捲筒機回來，使印刷報章的速度加快了。因為過去香港報紙，都是用平板機印報的，出紙緩慢，而且要用人力去攪動。這與捲筒機之用電力發動，其出紙速率，真有天淵之別。

上述兩事，可以說是胡惠民在《華僑日報》總編輯任內的兩大貢獻。在該報任職十年後，他才辭職創辦恒興紙行。

《華僑日報》甫出版不久，即遇"省港大罷工"爆發。那時，香港人口不過六十萬左右，除了海員、碼頭苦力、洋行職員、打西人工的女傭、花王、司機，都辭職不幹外，連清糞工人也罷工，以致香港變成臭港，計這次罷工，共有二十五萬人，而返回廣州或回鄉的則有十三萬人。

在這種情形之下，《華僑日報》的出版，當然大受打擊，如非對報業有濃厚興趣及堅毅精神，實在無法支持下去。

當年報紙競爭相當激烈，老字號的報紙有《循環日報》、《華字日報》，同樣年資的有何東爵士辦的《工商日報》。

《工商日報》的轉捩點，是在 1933 年發生的"閩變"（陳銘樞、李濟深、蔣光鼐和蔡廷鍇等在福建成立了人民政府）。該報記者陳錫餘專程赴閩採訪，並將每日消息等供給《工商日報》，可以說，全國報紙有關閩變消息以該報最翔實，所以它的銷路躍升是自然的事了。

而《華僑日報》因英皇酒店火警，廣東省府主席陳銘樞夫婦及粵省財政廳長范其務訪港，寓於該酒店，三人要跳樓逃生，陳銘樞因而足部微跛，當時，《華僑日報》記載翔實，所以銷路也從此日起。

話說，1929 年 3 月，廣東省府主席陳銘樞，偕同夫人及財政廳長范其務訪港，寓於德輔道中的英皇酒店三樓，在十一日午夜發生火警，陳銘樞三人走出房門，見濃烟密佈，找不到太平門，於是站在騎樓，其時，消防局已接到通知，並獲知陳銘樞夫婦等住在該酒店，於是携備救生網到場，同時大聲呼叫他們趕快跳下來。

陳銘樞叫夫人先跳，但陳夫人因畏高不敢跳下。後來，由陳銘樞及范其務扶陳夫人站在欄河，范其務以情勢危殆，於是順手一推，將陳夫人推下樓去，幸而她跌正救生網中，平安無事。最後，范其務也自行跳下。陳銘樞是軍人，數有膽色，隨後亦跳下，可能救生網已經給兩個人跳下，彈力減弱，故陳銘樞跳下時，足部略告觸地受傷，癒後，仍有點不良於行，人稱之為 "跛陳"，陳銘樞之 "跛" 實由於英皇酒店大火而起也。當時香港各報很早便收工，所以翌日各報，或沒有這段火警消息，或有而不詳，獨是《華僑日報》則翔實記載，並將陳銘樞夫婦及范其務跳樓情形詳刊出翌日，更派人在火場一帶銷售，大家讀了，對《華僑日報》一致讚好，從此，《華僑日報》的銷路也一帆風順了，當年的總編輯就是胡惠民，港聞編輯是衛國綸。

《工商日報》縱橫談

　　1984 年 11 月 29 日，我正與朋友飲下午茶，大家談到《工商日報》，湊巧有另一位與《工商日報》頗有淵源的朋友來到，遂請他入座，我問他："《工商日報》有什麼消息，聽說會停刊，到底會不會？"那位朋友說："聞說董事長（何世禮）今日下午四時在他的寓所召開會議，《工商日報》命運如何，屆時才能決定。"

　　當時關心香港報業的人，對於《工商日報》是否停版，是很關心的，因為它是當時三十多份日報、晚報中，歷史最悠久的報紙之一。

　　《華僑日報》創刊於 1925 年 6 月 5 日，該報出版一個月零三天後，即 1925 年 7 月 8 日，《工商日報》便相繼面世。兩報同年出版，而相差日期很短，所以《工商日報》是目前香港報紙中第二份歷史最長的日報。

　　大家都希望《工商日報》和《工商晚報》能繼續辦下去。不料到了 1984 年 11 月 30 日，《工商日報》刊登啟事，說由 12 月 1 日起停刊，而《工商晚報》則於 11 月 30 日已沒有出版，該報刊出的啟事是這樣的：

本報現以虧累過鉅，難於維持，由即日起，將日晚兩報停版。

竊維本報自出版以來，在此大半個世紀中，其言論宗旨，想早為愛護本報之讀者所亮察，而此次毅然停版，亦必為一向愛護本報人士所諒諒，除對歷年來支持本報之讀者及廣告戶表示深切之謝意外，並對本報先後同人忠誠合作，努力奮鬥不懈之精神，敬致其銘感之忱。

11 月 30 日，我獲知《工商日報》停刊消息，是從電台及電視台的新聞報告中得知，到早上九時出門，想買一份《工商日報》看看，可是走遍所有報攤，報販都說：“《工商日報》今早很快便沽清了。”

從這一點，可知香港居民對《工商日報》的關心。我沒有在該報工作過，但卻在《工商日報》寫了好幾年稿，在公在私，我對《工商日報》畢竟有一份感情，更何況，《工商日報》許多工作者，還是老友，所以突聞“工商”兩報停刊，不禁惘然所失。《工商日報》創辦時，發行所在中環鴨巴甸街十八號 C。創辦人是洪興錦律師，一說那時候何東爵士也是股東之一；更有一說，洪興錦律師創辦《工商日報》，是受了香港工商界人士等鼓勵的。若果有其事，也不出奇，因為那時香港約有七十萬人口，也需要多一兩份報紙報導消息，為工商界人士說話。《工商日報》出版之時，正值“省港大罷工”如火如荼，許多工人都紛紛跑去廣州。

那時香港幾成死市、臭市（清潔工人罷工之故）。

1925 年"省港大罷工"正是香港最混亂、最蕭條的時候。這次轟動全國的工潮，首先由省港澳各輪船的海員率先開始，跟着香港的電車公司和大酒店的華員也不上班，最後連清糞工人也罷工，以致香港臭氣薰天，有如死市。

正當"省港大罷工"如火如荼的時候，《工商日報》在 7 月 8 日出版，因此特別引人重視。

該報初出版時，是一張四開紙，即現在報紙的半張，報人則稱為"四開紙"。

在那個時候，香港人心惶惶，百業不興，居民上廣州及返鄉者甚多，所以《工商日報》初出版時，銷路並不理想。

那時，《工商日報》的東主是洪興錦律師，督印人是容守正，總編輯是黎工佽，俞華山編要聞（即電訊與粵聞），梁謙武編港聞，經理部有鄭德芬和李茂祥等。

《工商日報》最初在鴨巴甸街十八號 C。後來遷往結志街。

該報編"要聞"的編輯俞華山，是今日香港報界術語"蟛稿"（即指人情新聞）的始創者，因為當時威靈頓街有間南園酒家，每次割大蟛，必發新聞，由俞華山執筆，並定標題曰"南園酒家又割大蟛"，然後由他將各稿送往報館，同業見了稿件必笑曰："蟛稿來了。"

自此之後，新聞界便稱"人情稿"（例如有關商店開張，結婚拜壽等報導文章）為"蟛稿"，"蟛稿"一詞，迄今在香港也流行了超過半個世紀。

1926年7月1日，革命軍在廣州東校場誓師北伐，罷工工人因為要參加運輸工作，所以"罷工風潮"也平靜下來。這時，省港居民對於北伐消息也非常注意，因而讀報的人也多了，香港報紙亦藉此機會，受到廣州讀者歡迎，所以《工商日報》與《華僑日報》等銷路也比前大增，而一度前往廣州及返鄉的人，也紛紛返回香港。

"省港大罷工"風潮，經過一年多後，終於1926年10月10日平息，歷時一年零四個月。

到了1929年，《工商日報》改組，經董事局會議決定推由何東爵士接辦。何東爵士在當時的香港社會，可以說是首屈一指的大富翁。香港居民幾乎無一不知有何東爵士其人，"何東"這兩個字，幾乎是"有錢佬"的代名詞，例如：假如有人口出大言，說買這買那，做這做那，對方會說："你估你係何東咩？"這即是說："你以為你自己像何東那樣有錢嗎？"

在1929年，《工商日報》改組時，何東已是香港屈指一數的大富翁，而且早已榮獲連串勛銜，計有：

（一）1914年（即民國三年）中華民國總統袁世凱頒贈三等嘉禾勛章。

（二）1915 年大不列顛英國頒封爵士榮銜。

以後何東也分別獲得中華民國總統黎元洪頒贈一等大綬嘉禾勛章，英皇佐治五世及瑪麗皇后頒贈二十五周年銀禧紀念獎章；英皇佐治六世及伊利沙伯女皇加冕時先後頒贈的獎章。

自從何東爵士接辦《工商日報》後，即對該報銳意改革。到了 1930 年夏，因採購輪轉機，以原日結志街社址不敷應用，乃遷往德輔道中四十三號為社址，並於同年 11 月 15 日首創一份售價一仙的報紙——《工商晚報》。

那時，《工商日報》銷路雖比 1925 年 7 月 8 日出版時，出紙張數多了，內容充實了，但是銷路仍未如理想。不過，卻已比前好了許多。

自何東爵士接辦《工商日報》後，特調其所經營的 "生記" 幹員胡秩五出任工商日晚報社長，胡社長鑒於售價一仙之《工商晚報》大受讀者歡迎，於是在 1933 年 2 月，再出一份售價一仙之《天光報》，結果該報一紙風行，成為香港報壇的一個奇蹟。

雖然《工商日報》旗下已擁有三份報紙，在香港報壇上堪稱具有相當地位，但銷路仍未為全港報紙之冠，因為那時香港報林中，有歷史悠久之《華字日報》、《循環日報》，及比《工商日報》早出版了一個月零三日的《華僑日報》等，要在銷量方面超過這些同業，真是談何容易。但到了 1933 年，李濟深、陳銘樞、蔣光鼐、蔡廷鍇等在福建發動"閩變",《工商日報》的銷路卻因此狂升,成為香港最暢銷之報紙,也成為香港及全中國觸目的報紙,因為該報所刊之"閩變"消息,是獨有的。當時,省港人士對於"閩變"事件非常關心,而《工商日報》所刊載的新聞消息,不僅詳細,而且為別間報紙所無,所以一紙風行,奠定了超羣的地位。

為什麼《工商日報》能取得"閩變"的獨有新聞?這便不能不提到資深報人,前廣州《大光報》社長,後來任珠海書院新聞系主任的陳錫餘了。

陳錫餘是廣東化縣人,在鄉下私塾和小學讀書。1926 年到廣州,一面做事,一面讀書。翌年,入報社做新聞記者,時年僅十七歲。後來,創辦南風通訊社,當"閩變"爆發後,他便親自跑到福州採訪。

那時,報人任畢明(又名大任,筆名是南中一、南蠻,1982 年在香港去世)在福州辦《閩報》,該報編輯池家瑞是陳錫餘的摯友,陳於是託他每日將該報要聞大樣派專人交往機場,由飛機帶往廣州。

陳錫餘將此事辦妥後便由閩返港,擬轉回廣州。那時汪玉亭任《天光報》總編輯,李建豐在"工商"兩報服務,知道了陳錫餘在閩搭妥了"新聞綫路",便要求陳錫餘不要將消息由南風社發出,因為由南風通訊社發出,省港各報都有,因此要求陳錫餘將"閩變新聞"只交《工商日報》,陳徇汪李請求,卒予答允,自是，陳收到池家瑞自福州寄來的要聞大樣，原封寄港，交《工商日報》發表。

"閩變"事件轟動全國，但外間絕不知戰況如何，而只有《工商日報》能詳細報導，所以由刊出"閩變"消息之日起，《工商日報》的銷路迅速狂升。

這內幕新聞，後來由《工商日報》高層人士在閑談中透露，人們才知道這件"報壇軼事"。

資深報人陳錫餘因將其獨有的"閩變"新聞供給《工商日報》獨家發表，而使《工商日報》銷路狂升，計當日的《工商日報》、《工商晚報》及《天光報》，每日銷紙十五萬份，那時，香港人口只有八十萬，而《工商日報》銷紙如此之多，已是很理想了。無怪報界中有人說：報紙，亦稱新聞紙，而新聞紙最重要的就是新聞，誰的新聞準確、詳細、快捷，誰的銷路便好。觀乎《工商日報》因以最快時間刊載獨有而詳盡的"閩變"新聞而銷路大增，就是一個最好的例子。

從《工商日報》的業績事，使我想起與報人的職業道德有關的舊事，而其中的主角是《工商日報》社長胡秩五及陳錫餘。

話說：陳濟棠做"南天王"的時代（陳濟棠於1929年繼李濟深為第八路軍總司令，其後因胡漢民被囚湯山，兩廣實力派在穗成立國民政府，李宗仁在桂任第一集團軍總司令，而陳濟棠則任第四集團軍總司令。直至1936年7月18日，陳氏始因余漢謀"兵諫"，又因黃光銳率數十架飛機北飛，投赴中央而下野，當時出任廣州公安局長的是何犖，由於他實行以"鐵腕"治穗，故人俱畏之。

那時候，第八路軍參謀長繆培南擬好一份組設"軍事科學研究委員會"的計劃，由陳濟棠執行。會後，該文件便交給總司令部收發員保管，孰料《工商日報》駐穗記者王基樹與該收發員甚善，每日訪他，來往密切，那收發員便將總司令部油印文件一份交給他作為新聞資料。

《工商日報》以該新聞重要，於是在"粵聞版"以重要地位刊出。結果，陳濟棠見了，大為震怒，飭令公安局長何犖徹查，將發佈此新聞的記者拘辦。

何犖於是傳令偵緝隊偵查。隊中有探員謝景湖和報界中人頗稔，他懷疑此重要新聞，一定是陳錫餘所供給無疑。遂跑去找着做記者的葉雲笙（1951 年在廣州去世，其兄葉伯恒後來抵港，服務於《工商晚報》，數十年前因採訪愛秩序村火警新聞，於工作中暴斃），時葉雲笙正與友人竹戰，那偵緝便問葉雲笙："昨日《工商日報》刊出那段組設軍事科學研委會新聞，一定是陳錫餘所採訪的了，是不是？"

葉雲笙聽了，可能認為這是對陳錫餘的恭維，也可能因忙於打牌，有意敷衍那偵緝，於是一邊打牌，一邊說："是呀，是呀。……"

那偵緝聽了如獲至寶，於是連忙趕返公安局報告，何犖便着人通知陳錫餘去家中見他。

　　陳錫餘因採訪關係，與公安局長何犖早已認識。陳錫餘與何氏見面後，即問對方找他何事。何對陳說：“據聞你清楚《工商日報》刊載軍事科學研委會組設消息的情況，只要你說出新聞來源便沒有事了。”但陳錫餘為了道義，為了新聞道德，堅決不肯說。結果，陳氏便被扣留於公安局。

　　當時，廣州公安局下設兩個偵緝隊，一個是陳植雲主持的，主要是負責偵查一般的罪案，如拘捕匪徒、偵查劫案等。一個是由梁子江主持的，它是政治案探隊，專門負責拘捕“政治犯”。那時，兩廣與中央對立，南京方面有“藍衣社”，粵省有關方面便視藍衣社人員為洪水猛獸，防範至嚴，一經發覺，即予拘捕，甚至槍殺，即與藍衣社有關的人員也難倖免，這足見當年廣州公安局並非善輩。

　　“南天王”陳濟棠對於此次秘密會議的內容被洩漏，而且在《工商日報》刊出，非常震怒，下令公安局長何犖徹查，而今把陳錫餘拘捕了，雖然經過嚴加審訊，但陳氏卻說：“這段消息並不是我發的，怎會知道是誰人撰寫？”

　　何犖又說：“你身兼省港十多份報紙的記者，就算這段消息不是你發的，你也會知道是誰寫的。”陳錫餘仍說不知道。儘管公安局人員用什麼方法，又嚇又哄要陳錫餘供出那則新聞的撰稿人，便可以釋放他，但是，陳仍堅說不知。

其實，陳錫餘是知道新聞的來源和誰人執筆，但是他倘若供出，最低限度有兩個人會被捕坐監，甚至會被槍決，故遵守新聞記者的守則，不將新聞來源說出，公安局人員沒有辦法，唯有向陳錫餘加以疲勞審訊，希望他忍受不住牢獄之苦而將實情供出。可是一天一天的過去了，直到一個星期後，廣州公安局還未獲得進一步的綫索。

當年，陳錫餘以刻苦勤奮精神，除創辦南風通訊社外，還兼省港十多間報紙的特約訪員，在新聞界很有地位，所以他被扣留後，隨即轟動省港報界，許多同業想去探他，都不獲批准。

《工商日報》社長胡秩五聞訊，終於親自跑上廣州，要見公安局長何犖，請求釋放陳錫餘。同時，還分別請西南政務委員會委員蕭佛成和其他政要向陳濟棠及何犖說項，但都一一拒絕接見。

在陳濟棠做"南天王"的時代，公安局的權力非常之大，而且，局長何犖要殺一個人，真是比殺一隻雞更容易，所以陳錫餘當時的處境是十分危險的。因為連蕭佛成等政要求講釋也無效，顯見事態的嚴重，胡秩五這時也不值當局所為，便說："如果何局長不見我，不放陳錫餘，我便不離開公安局，乾脆設帆布床在公安局睡覺。"

廣州公安局長何犖，治事手段相當酷辣，對一般人很不客氣，而今聽聞香港《工商日報》社長胡秩五求見，知道他此來必是為了營救陳錫餘，所以推說無暇，不予接見，但後來又聽聞胡秩五聲言："如果何局長不接見，則將睡在公安局內。"

何犖獲知後，頗傷腦筋。

原來，這次胡秩五前往廣州，是"有備而去"的。甫初，胡氏驚聞陳錫餘在穗被扣，而箇中原因，就是為了《工商日報》發表"第八路軍總司令部籌設軍事科學研究委員會"這段新聞，因此即將該段新聞底稿鎖在報社夾萬。看看寫這段新聞的《工商日報》和南風社記者謝景湖有何表示，後來，見陳錫餘多日尚未獲釋，而且事態嚴重，所以帶了那份新聞底稿上廣州去見何犖。不料何犖竟拒予接見。

後經西南政務委員蕭佛成和各政要斡旋，何犖才終於答應接見胡秩五。何犖還說："現在總司令（指陳濟棠）只想知道這新聞的來源，只要說出是誰，陳錫餘便立刻可以釋放。胡社長，這段新聞到底是誰寫的？你當然知道，為了救陳錫餘，你應該把撰稿人的姓名說出來。"

但是，胡秩五為了堅持新聞記者的守則，不能將新聞來源洩漏，所以坦然的對何犖說："我知道，但我不能說。" 接着又說："總之，我確實知道這段新聞不是陳錫餘寫的。" 接着，便把帶來的新聞底稿，交給何犖，並嚴肅的說："請你對一對筆跡，便可知道真相了。"

何犖着人核對陳錫餘的筆迹，新聞稿的字，確不是他寫的，但，何犖還是不肯放人，仍要胡秩五和陳錫餘說出新聞來源和寫稿人的姓名才肯罷休。

結果，此事"兩不相讓"，事情越弄越僵了。

有一天，一位朋友到公安局去探訪陳錫餘，羈留所的人說："陳錫餘不在了！"

這句話有兩種意思，一種是："陳錫餘不在這個羈留所，已解往別處去了。" 一種是："陳錫餘不在人間了。" 因此，探監的人吃了一驚，再問陳錫餘去了哪裏，獄吏又不說，因此大家心情沉重，以為凶多吉少了。尤其是他的家人，更傷心異常，而最令人耽心的，是不知道陳錫餘的生死下落。

自從 "陳錫餘案" 發生後，香港的小報《探海燈》每期都有詳細的報導，並大罵何犖是 "殺人王"，斥他無理扣留新聞記者。《探海燈》在廣州非常暢銷，所以省港很多人士都知道 "陳案"，而何犖 "殺人王" 之名，也因此更廣泛地流傳。

正當 "陳錫餘案" 鬧得不可收拾之際，時任粵省北區綏靖主任的李漢魂（李漢魂後任軍長、集團軍總司令、廣東省府主席、內政部長等職），係陳濟棠的愛將，他在粵北防地聽聞陳錫餘在穗被扣押事，由於他與陳錫餘是同鄉（陳錫餘是化縣人，李漢魂是吳川人），而且對陳氏很是賞識，因此，特地由粵北趕返廣州，面謁陳濟棠。

經李漢魂說項，情形便好轉許多了。

原來，陳錫餘初羈押於維新路公安局內，後來才轉解往新豐街另一羈留所，那裏是羈留重要人犯，每人一間囚室，在衛生、食用方面都比公安局的羈留室好。不過，囚在那裏的人，其危險性也是較大的。

經李漢魂說項後，何犖便對胡秩五、陳錫餘說："只要你們說出這段新聞是誰寫的，那陳錫餘固然無罪，就是寫這段新聞稿的人，若說出新聞來源，也同樣無事，……"同時對陳錫餘說："請你對《探海燈》的人說，不要再罵我是‘殺人王’了。"

胡秩五再三的問："真的嗎？"何犖鄭重地說："真的，真的沒事，而且立即可以恢復自由。"

胡秩五和陳錫餘有見何犖既然能夠這樣說，於是把記者謝景湖的名字說出。到了謝景湖去見何犖時，何氏仍向對方說："只要你說出新聞來源，你和陳錫餘便立刻可以離開公安局。"謝景湖終於說出該消息是由第八路軍總部一位收發員處得來的。

何犖聽了，果然說："你可以走了。"

離開公安局，謝景湖立刻打電話給那供給消息的收發員，叫他馬上逃走。結果，那收發員馬上離開總部，逃往澳門。一直有很長的時間，他還不敢返回廣州。這次陳錫餘遇上無妄之災，足足過了十五天的"牢獄生涯"，如果不是李漢魂、蕭佛成等政要求情及胡秩五的挺身相救，陳的命運如何，真是使人不敢想像。

1984 年 12 月 7 日，我獲知前《工商日報》社長胡秩五病重入院，且已陷昏迷狀態，不料到了 12 月 11 日，胡先生竟在醫院與世長辭。

胡先生畢業於廣州教忠師範學校，曾一度執過教鞭，後在廣州軍事廳、海軍局、團練處任職，後轉來港，任何東爵士中文秘書。到 1930 年，何爵士接辦《工商日報》，他先後出任經理、總編輯、總經理及社長等職。

胡先生去世時，享年八十一歲，而他服務《工商日報》達五十四年之久（1970 年不做社長，改任董事），而他追隨何東爵士任中文秘書時，則只有二十餘歲而已。可以說，他服務於何家，服務於《工商日報》達五十多年之久。真可以說是："鞠躬盡瘁，死而後已。"

胡先生遺體於 1984 年 12 月 14 日在香港殯儀館舉殯，是日到祭者，除了親友外，許多在工商日晚報任過職的舊人，都懷着一顆悲愴的心情到殯儀館跟他作最後的一面。從這一點來看，也可以知道胡先生過去與同事間的感情頗為濃厚。陳錫餘、宋郁文兩兄輓以聯云："報以為家，身常許國，於今人報云亡，贏得千秋青史在；文能濟世，道足匡時，從古雄文不朽，全由一點素心知。"

讀到"於今人報云亡",真使人無限感概。前《工商日報》主筆黎晉偉兄以"清,慎,勤"三字形容胡先生的為人處事,這評語確見中肯。晉偉兄又說:"胡先生一生以報如家,清廉自守,從不為個人打算,舉一個例,《工商日報》銷量越多,用白報紙的數量亦越大,以前'紙行'有一不成文法的習慣,報社訂購白報例有'回佣'。這種回佣通常歸社長或總經理所有,以胡社長任職之久,如果單是回佣所得,亦足以成小富翁,但他纖毫不取,全部撥歸公司收入,因此兩袖清風,現時堅道'美麗臺'的住宅,還是二十年前由何先生購贈的。"

做一個報社的社長,不單要"清,慎,勤"的人還易,而且還要求"識用人"。就我所知:胡秩五先生敢用任畢明與黎晉偉當《工商日報》主筆,的確獨具慧眼。任黎兩人有才華,但不經易駕馭,而他們在胡秩五社長領導下,在《工商日報》當了十多年主筆,賓主之間非常融洽,足見胡先生有容人之量,也有用人之術。

近五十年來,我眼見香港、廣州、韶關(廣東戰時省會)三地區的報紙近百,而所見的報社社長也有數十位,他們大都很有本領,但有容人之量,有用人之術的則不多見,而能栽培屬下的編輯、記者成為"名家"的更是鳳毛麟角。

我最後一次見胡秩五先生,是 1984 年 12 月 14

日，他的遺體舉殯當天，我走到他的棺前，瞻仰遺容時候，而最後一次聽他講話，則在 1984 年 7 月 25 日，莫輝宗兄安息禮拜儀節中，他講述輝宗兄的生平。想不到相隔不過四個多月，胡先生竟也去世了。

提起莫輝宗兄，他服務《工商日報》已有四十年，戰後回港出任港聞編輯，以迄去世，他對《工商日報》"鞠躬盡瘁，死而後已。"

輝宗兄安息禮拜儀節中，第七項是"述史"，由胡秩五先生講述。

那天，胡先生雖然比前瘦弱一點，但也不覺得有什麼異樣。他先講述和輝宗兄在戰時的韶關相遇的經過。

1941 年底，太平洋戰爭爆發，香港淪陷，胡先生與輝宗兄分別逃亡，跑到廣東戰時省會韶關。胡先生後來進入了民政廳工作，而輝宗兄則在某報任職（其後轉到梧州《中山日報》工作）。在偶然的機會中，胡先生與輝宗兄相遇，知道大家都是從香港逃難來的，故此談得非常投契。

那時胡秩五才三十九歲，莫輝宗則只有二十五歲，胡先生覺得輝宗兄英氣勃勃，便對他說："將來抗戰勝利，重返香港，你一定要到工商來幫忙。"

到了日本無條件投降，胡先生由內地返港，籌備《工商日報》復版，他想起輝宗兄，於是到處找他。結果，終於找着了，而輝宗兄也答應了入《工商日報》

工作。

胡先生憶述這一段往事，猶津津樂道，眉宇間也洋溢着欣然之色。

胡先生又說："我這次從美國回港，悉聞輝宗兄臥病醫院，正想去探他，不料他竟去世了。……"

胡先生說到這裏，竟然泣不成聲，待停了好一會，才匆匆結束了他的話。

莫輝宗在香港重光後，加入《工商日報》主編港聞，匆匆三十八年，其間，有多次機會，胡先生及潘仁昌社長，想擢升他為總編輯，但都為輝宗兄婉拒。到了晚年，輝宗兄便想退休，但為何世禮董事長挽留，後因患病入院，出院後又申請退休，何董事長知道輝宗兄想移民加拿大，於是請他在離港時才辭職，不久，舊病復發，於是再度入院，終於不治去世。

胡秩五先生在輝宗兄舉殯之日，痛述死者生平，不料數月之後，胡先生也因病去世。而輝宗兄與胡先生均在香港殯儀館舉殯。我走進了禮堂，想起往事，使人有不勝滄桑之感。

前《工商日報》董事長何世禮，到了八十高齡，仍然精神甚健，且虎背熊腰、威風凜凜。這除了與先天因素有關之外，後天的鍛練也大有關係。他年青時即到英國炮兵學校讀書，畢業後到東北軍張學良處當炮兵軍官，其後再到美國維珍尼亞參謀軍校攻讀，學成後任職軍旅。抗戰時，任職第四戰區負責後勤工作，戰後出任葫蘆島後勤司令，其後駐美工作，官至上將。

從上述事蹟看，可知何世禮先生從青年到壯年，都是過着軍旅生涯。

有一段頗長的時間，何先生在港親自主持"工商"兩報報務。一次，有一位編輯部人員到職，何先生對他說："我是軍人，看見不對的地方便率直說出，你不要介意才好。"

事實上，何先生確是"直言堂"的人，不過，他的心地很善良。凡是瞭解軍人生活的都知道，軍人對於屬下官兵，事無大小都要注意到，比方官兵的衣服不整，軍營的床鋪不齊，做長官的都會注意和提點。因此，何先生對於報社內部，事無大小，他都兼顧到，而最關心的就是社論和新聞頭條。

他家位於山頂，但每天都會返回報社。首先他會批閱社論，遇着有問題，便跟主筆討論，提出意見，請主筆改寫。有時凌晨一兩點鐘，他會打電話到報社問今日的新聞頭條是什麼。如果有不妥地方，便會與總編輯討論和提出自己的意見。

何先生為了方便工作起見，他特在《工商日報》社址附近租了一個地方，以便工作太夜不方便回家時，能睡在那裏。

如果何先生"今天不回家"，便在報社辦公，等到報紙印好了，看過之後，才返回附近那大廈的房間休息，那時往往已是凌晨五六點鐘了。

做報社總編輯的，很多人都會有此體驗。香港有很多報紙，而董事長對自己所辦的報紙這樣事無大小，都親力親為，相信為數不多。可能有人認為：何世禮先生這樣有錢，又這把年紀，何必還這樣辛苦。殊不知這與個性、家庭教育及學識有關。據說：其父何東爵士生前，自奉甚儉，也勤於工作，而且有人問他致富之道。何東爵士便說："要勤儉，不要向人借錢，有錢便積蓄起來。"

何東先生是香港著名富紳，他的兒子世禮先生青年時留學英國、美國軍校，由下級軍官而升至上將，這完全是靠何世禮本人的努力獲致的。

由於何世禮曾度過幾十年的戎馬生涯，出入槍林彈雨之中，藉此練就他那不屈不撓的堅毅精神，也養成他刻苦奮發的美德。他只有一位兒子鴻毅先生，社會人士可能以為何鴻毅先生是何東的愛孫，又是何世禮的獨子，家財富有，任他怎樣花也會花不掉。生平一定很揮霍的了。假如真的這樣想，那就大錯特錯了。

原來，何東先生雖然富甲一方，歷年所捐善款甚多，但卻自奉甚儉；而何世禮上將，自做事以來，便一直用自己賺來的錢。例如他返港後出任台灣民生物品公司董事長，另返《工商日報》擔任執行董事長，每天返報社工作，直至深夜才走。

午餐和晚餐多在報社的飯堂解決，吃的是與員工一樣的飯菜，許多人會認為何世禮先生這樣富有，自奉又何必如此之薄。其實，這與何東先生的家教與何世禮本人的節儉美德有關。

當何世禮先生在美國任職的時候，他的獨子何鴻毅先生正在美國哥倫比亞大學新聞系求學。有一天，何鴻毅先生找着父親說："由於住處距離學校路程相當遠，我想購買一輛汽車……"

何世禮當然也明白到美國地方遼闊，沒有汽車是很不方便的，因此對他說："我也贊成你買一部汽車，不過，買汽車的錢，我只負責一半，其餘的一半，就要靠你自己去做工賺取。"

何鴻毅先生聽了非常高興，於是到碼頭去做苦力，替人搬運麵粉。十日後，何鴻毅先生把工資儲蓄下來，夠買汽車的錢一半了，而何世禮先生也補助他一半，使兒子買了一部廉價的汽車。

這一個故事，很能說明何世禮先生不希望後輩對上一代存在依賴性，他教子的一套是相當有分寸的。

此外，何鴻毅先生有一年暑假回港探親。何世禮先生吩咐他："你應該利用暑假，做一點事和學習一門學問，你是讀新聞系的，應該到報社實習一下。"結果，何鴻毅先生到了一家英文報社做校對。

以首富之家的子孫身份去做苦力，替人搬運麵粉和到別人的報社去做校對，說出來許多人可能不相信，但事實卻是如此。從上述兩事，固然可以知道何鴻毅先生毫無半點紈袴子弟陋習，更可知道何世禮先生教子有方。

要談何鴻毅先生，實在有點困難。因為他是何東之孫，何世禮之子，說他好，讀者會說我"擦鞋"——廣州俗語說"托大腳"，文雅點則說是"捧場"。說他不好吧，實在又找不出，他有什麼不好的地方。

其實，何鴻毅先生之接任《工商日報》社長，他的主持社務，與我撰寫何鴻毅先生不知困難千萬倍，因為工商日晚報裏，他有做董事長的父親，有在報社服務多年的"老臣"，自己縱有什麼大計，礙於環境，一時也未便實施。

走筆至此，使我想起蔣介石和蔣經國兩位先生來。我讀過一篇文章，大意是說："一般人以為蔣經國的成就，是靠父親蔣介石的扶掖。其實，如果蔣經國不是蔣介石的兒子，他的成就會更大……"

這話是否有理，留待讀者去評，反正大家對於兩位蔣先生的事蹟都很清楚。

我引述這一個故事，無意說何鴻毅先生在工商報業裏受到什麼不便之處。不過，他接受的雖然是西方一套，但腦袋裏還是充滿着中國傳統的儒家思想，對父母孝，對尊長敬；在這種情形之下，他主持工商報業，只有蕭規曹隨和逐漸改進。

他在工商日晚報工作，最先是當採訪主任。

在六十年代初期，《工商日報》刊載的港聞非常

"驚人 "，它常把社會上的黑暗面，毫不留情地揭發，獲得廣大讀者的喝采歡迎。

在這段期間，曾經有人打電話給何鴻毅先生（因為他是採訪主任），要他不可再刊這些新聞，否則便不客氣，但是何鴻毅先生卻置之不理。富家子而有此大無畏精神，誠屬難得。

其後，何鴻毅先生出任副社長，到社長潘仁昌退休後（仍任《工商日報》董事，每周往返報社開會一次），則繼任社長。多年來他提拔年青一輩的人升任高職，如以前的葉乃堅，由記者升任經理，邵盧善升任總編輯，就是經理梅元欽，也是由記者擢升的。

從這一點看，可知何鴻毅先生確是想替 "工商"兩報做一番功夫而重振雄風的。

世事不能以成敗論英雄，況 "工商"兩報的停版，自有許多因素，不能說是失敗，平心而論，何鴻毅先生是一位有遠見的天才人物。

於我先祖補闕拾遺，於我家君直諒匡扶，於我小子耳提面命，於我與輩訓迪思勰，更蕭規曹守，四代咸義蒙恩，情懷何極。

仰公立身勤廉守信，仰公待人誠真醇厚，仰公學問韜玉藏珠，仰公處世謙和端正，且讜論諍言，朝野翹瞻山斗，道範長存。

這是何鴻毅先生輓胡秩五先生的聯語。道出胡公與何家四代的關係，也說出胡公的為人，字字中肯，不失為佳作。

胡秩五先生於 1984 年 12 月 11 日病逝，14 日假香港殯儀館舉殯，是日親到靈堂致祭者亦數百人，致送花圈輓聯者更眾，顯見胡公生前之受人敬重。

舉殯儀式中，由何鴻毅先生代表其父何世禮致悼念辭。他說：

今天我在這裏，抱着萬二分沉痛的心情代表家君世禮先生敘述胡世伯秩五公的生平。家父因老友長逝，極感悲傷，語難成聲，因此吩咐我作代表向各位報告。

"秩五公諱綿昌，秩五乃別號，廣東順德人。世代書香……畢業於廣州教忠師範學校，一度執教鞭，後轉而從政，歷在當時之軍事廳、海軍局、團練處等機關服務，深受長官徐景唐、何彤等器重，其後經友好介紹，來港任先祖曉生（按：即何東先生）之中文秘書，由此與家父世禮先生莫逆，數十年如一日，自先祖於一九三〇年接辦《工商日報》後，胡伯伯先後出任經理、總編輯、總經理、社長等職，直至一九七〇年退休，但仍擔任董事。在其任內，並創辦《工商晚報》及《天光報》，都一紙風行，工商報系之有當日輝煌地位，都是胡伯伯的功勞。……

胡伯伯生前對社會貢獻甚多，茲舉數事述之：（一）胡伯伯自參加工商報以來，使報紙銷路日增，且被南京中山文化教育館，選為全國十大報之一，（二）胡伯伯數十年來，不畏強暴，力爭新聞自由，不屈不撓。他常言：'人有人格，報有報格。' 其所言所行，深得同業與社會人士尊重。（三）太平洋戰爭，香港淪陷後，胡伯伯間關前往韶關，任職民政廳，一九四二年，廣東缺糧，餓殍遍野，且因糧政問題，廣東與湖南省主席薛岳發生誤會，薛拒'以辛苦耕耘得來之湘糧，填廣東之老鼠洞'，胡伯伯奉命前往交涉。最後，胡伯伯語薛公曰：'薛公身為廣東人，雄姿英發，手握重兵，駐軍湖南，正如外嫁女嫁了好婆家，回頭看見娘家捱餓，薛公能忍心嗎？'

就憑了胡伯伯這番話，打動了薛公，湘糧運粵，救活了數百萬廣東饑民。綜觀胡伯一生，對朋友盡義，對國家社會盡忠，對蒼生盡德。

"工商" 兩報於戰後 1946 年 2 月 5 日及 15 日分別復版，以迄 1984 年 12 月 1 日起停刊，前後共三十八年。在這段悠長歲月中，"工商" 兩報各共有六任總編輯。

《工商日報》戰後的總編輯是：龍實秀、胡秩五（社長兼任）、潘仁昌、劉念真、邵盧善、喻舲居。

《工商晚報》戰後的總編輯是：黃炳祥、李建豐、翁平、遲寶倫、譚達夫、李家弘。

在上述各位總編輯中，年資最久的當然是胡秩五，其次就是潘仁昌和譚達夫了。

潘仁昌先生，在年青時服務於《工商日報》，初為英文秘書，其後出任總編輯和副社長。1970年胡秋五社長退任，潘先生繼任社長。

他在香港受教育，但絕無"番書仔"的氣味。他的為人，可以用勤儉廉潔，忠實篤行稱之。還有一點，甘於代同事受過，而事後不向人訴告，也不向人告知。他任總編輯期間，白天便返報社看各副刊大樣，而且還逐個字的看，一絲不苟。晚上則直至凌晨兩三點鐘才回家。對同事，更無一絲疾言厲色，所以同業中，均稱他是"好好先生"。

他絕不收受外間人士和同事的饋贈。一次，有人送一籃鮮果到他的府上。等到他下班回來知道了，馬上使人將禮物原璧退回，他的廉潔是工商報系同寅所共知的。

潘先生不僅廉潔，為人也很隨和，由於職責關係，他對於外間的宴會，也會抽暇參加的；有時，還會和同業打打小麻將牌。有一次，我見他輸了百多元。我對一位《工商日報》的朋友說："我見潘老總輸了百多元，我真肉刺。"

我為什麼會肉刺，因為潘先生並非富有呀，我這樣想法，可能對潘先生不敬，但我當時確有此想法。

七十年代末期，英女皇頒授 M.B.E 勳銜給潘仁昌先生。同業設宴於紅寶石酒樓為他祝賀。席間，已故報人鄭郁郎語眾曰："潘仁昌先生是最佳編輯。" 原來，M.B.E 又是 MOST BEST EDITOR 的縮寫。事實上，論學問、品德，潘先生也確是一位 "最佳編輯" 呀！

1984 年 12 月 14 日，胡秩五先生舉殯。潘先生與何世禮、何善衡、岑才生、何鴻毅、譚達夫、梁棟培、馬厚民等人為胡先生扶靈。我看見潘先生滿頭白髮，我心裏有說不出的難過。

潘先生把四十多年的時間，都獻予 "工商" 兩報，獻給香港新聞事業了。

五十多年前，有一位青年去找《工商晚報》總編輯黎工佽，他對黎氏說："世伯，我很有興趣在報館工作，請你介紹我到《工商晚報》做事好不？" 黎工佽與這青年的父親是老友，聽了世姪這番話，便說："你想做什麼？" 那青年說："什麼都好，做校對也不成問題。" 黎工佽聽了，嚴肅的說："你這把年紀，最好還是去讀書，不用多想了。"

世事真是奇妙，他數十年前想到《工商日報》當個校對，也難償所願，可數十年後，他竟然做了《工商晚報》的總編輯。當年這位小伙子，就是譚達夫。他與黎工佽同是廣西容縣人，自從譚達夫想入新聞界工作的美夢被黎工佽粉碎後，便了了廣州。1938 年 10 月 21 日穗市陷敵，於是譚達夫返回香港，與鄭郁郎、林友蘭等，一同投稿《工商日報》的 "市聲" 版（由龍實秀主編），每月稿費約有八九十元，而在那個時候，這數目不算少了。

1941 年 12 月 8 日，日軍進侵香港。譚達夫在香港淪陷後，輾轉到了廣東戰時省會韶關，和龍實秀、鄭郁郎、陳子雋、陳子多等人一同進入《大光報》。

不久，譚達夫伉儷的第一個兒子在韶關出世，夫婦倆為了慶祝長子的誕生，特別吩咐《大光報》的廚師，做了六圍酒席，款宴報社同事。這六圍酒席要多少錢說來也很有趣。原來，譚達夫夫婦由港逃難到韶關時，曾經帶了六件雅路恤。按照在香港的售價，每件雅路恤的公價是十元零五角港幣。他拿了一件雅路恤到拍賣行去賣，卻賣得一千二百元國幣，足夠應付六圍酒席的錢。而當時五百元港幣只能換得四百九十一元國幣（稍後因為停止兌換，港紙黑市價就更加跌低了）。

1945 年，日本宣告投降，譚達夫隨《大光報》復員廣州。翌年，胡秩五到廣州 "招兵買馬"。結果，聘請了譚達夫、陳子雋、陳子多、莫輝宗、楊飛到港出版《工商日報》。稍後，陳子雋轉到《華僑日報》。譚達夫在 1947 年當上《工商日報》編輯主任，主編電訊。到了七十年代初期，《工商晚報》總編輯遲寶倫，到國泰電影公司當宣傳主任，胡秩五社長力邀譚達夫任《工商晚報》老總，此職他差不多做了十年，後因病才告辭職，董事長何世禮經力挽無效，准予辭職，但仍聘他為顧問，每星期回報社開會一次。

譚達夫年近古稀了，談起五十年前一段往事，這真是："有意栽花花不發，無心插柳柳成蔭。"世事，就是如此的奇妙呀。

談起《工商日報》，我又不禁想起亡友林友蘭。

他是一位忠於職責、勤於寫作和喜歡讀書的人。抗戰時，報人譚達夫、鄭郁郎在韶關便常常提起林友蘭，說他們三個人在 1941 年香港戰爭未爆發之前，便時常一齊為《工商日報》的副刊"市聲"投稿，林友蘭的稿，多是譯稿，因為他是英國倫敦新聞學院碩士，英文水平很高。1939 年，林友蘭進入成舍我先生創辦的《立報》當練習記者。《立報》原在上海創刊，是四開的小型報，辦得非常成功。1937 年 8 月 13 日，日軍進犯上海，成先生便把《立報》移到香港出版，卜少夫、李建白等在那兒編副刊，到了香港陷敵，《立報》停版，林友蘭也轉入內地。

到了抗戰勝利，《工商日報》於 1946 年 2 月 5 日復刊。不久，林友蘭加入該報，負責翻譯工作。八年後，他辭職到了台灣，出任某政要英文秘書，該政要病逝後，入台北中央社工作。六十年代，陳訓畬來港接任《香港時報》社長，邀林友蘭相助，出任該報副總編輯兼採訪主任，主理香港新聞。

其時，有許多社團、名流給《香港時報》送來"新聞"，如果其中沒有新聞價值的，他一概不登，故引起有些社團對他不滿，但他因此極得陳訓畬社長信任，

《工商日報》經歷了半個多世紀生涯，1984 年 12 月 1 日終告停刊。

那些想拉關係的人，也無奈他何。

　　這是林友蘭的書生氣之一。

　　此外，陳訓畬後來奉調返台，改派曾恩波出任香港中央分社主任，兼《香港時報》社長。曾恩波接任該報，一個人也沒更動，也沒介紹一個人入報館，但，林友蘭卻要辭職，有人問他："你為什麼要辭職，曾社長不是極力挽留你繼續做下去嗎？"林友蘭說："我是跟陳訓畬社長來的，他而今走了，我自然也要共同進退。"

　　這是林友蘭的書生氣之二。

　　林友蘭平素沉默寡言，不是讀報看書，便是寫作，很少浪費時間，更少作無謂應酬。他的作品有《天堂話舊》，最先於 1975 年 4 月 1 日起，在《星島日報》連載。後來，他把這部作品改名為《香港史話》，交香港上海印書館出版單行本。它對於研究香港史，是一本很有分量和價值的書籍，出版後反應不俗。

當林友蘭進入香港《立報》工作時，名報人成舍我先生對他說："報人的職業是一隻打不破的鐵飯碗。"而林友蘭捧起這"鐵飯碗"，也吃了二十五年的"報紙飯"。可惜，他在七十年代末期，患了喉癌，雖然他沒再做事，但仍在家裏不斷寫作，直至 1981 年左右，終於病重不治去世。林友蘭先生生於 1916 年，享年約六十五歲。

在香港報壇上，任畢明是一位"笑傲江湖"的壯士。

他的文章筆力千鈞，氣勢如虹，該罵的，便揮舞大錘，拚命打去；要嘲的，只三言兩語，已使人無地自容。至於其散文、雜文、古詩，均為人賞識。他在《星島晚報》副刊寫《閑花集》，一寫便是十七多年，大受讀者歡迎。

他原名大任，又名畢明、不名，曾先後以南中一、南蠻的名義發表文章。任氏個子健碩強壯，但有儒者風度，談吐也很幽默。

五十年代及六十年代初，任畢明每天和曾復明、汪玉亭、李建豐、李菁林及姚湘勤等在建國酒家七樓（位於香港皇后大道中）飲下午茶。一天，我上"建七"，只見任氏一人獨坐在卡位上看書，便詫然的問：

"今天為什麼只有你一個人？"任氏說："只緣害羣之馬。"原來每天和他同桌品茗的都是馬迷，一到賽馬那天，各人均去馬場，於是只有任畢明獨守茶團。他不說什麼，只簡單的說："害羣之馬"，便道出真相。

好一句"害羣之馬"！

任畢明真是好學不倦，在"建七"飲茶時，儘管同桌的人談天說地，而他卻還是手不釋卷，這真是"寫到老，讀到老"了。

別以為任畢明"靜如處子"，是一位俯仰由人的人。其實，他也有"南蠻"的一面，遠在1928年，他任廣東建設廳編譯室主任的時候，該廳出版了一份《建設周報》，由名小說家"黑旋風"李健兒主編，闢有"嶺南風俗談"專欄，有一期轉載報章的《客人風俗》，不料為客人不滿，他們甚至動員廣州的客籍知名人士，寫信給建設廳長鄧彥華。鄧勸任畢明刊登更正啟事平息眾怒，但任畢明認為文章沒有錯，無須更正。事情越鬧越大，終於鬧到廣東省府主席陳銘樞那裏，陳主席召見任畢明，任氏起初不理，直叫到第三次才去。陳銘樞着他道歉了事，但任畢明說："無歉可道，何來道歉？"

結果，這一場轟動一時的"客潮"還是不了了之。

從這一件事，也可知任畢明的不肯低頭的個性。

有一次，任畢明問我："你知道我不做某報主筆的原因嗎？"我搖頭說不知，他說："有一天，我寫了一篇社論送到報社。老闆看了，說我的立論不對，我問老闆有什麼看法，他說了不同的意見。我說：「站在中國人立場，你的立論不對，」老闆很激動的說：「你是老闆，還是我是老闆？」我反問：「你請主筆，還是請奴筆？如果你請奴筆，我就不幹了，跟着我便離開那報社。」於是，任畢明又「笑傲江湖」去了。

何東先生在生時候，是香港最有名氣的富商和爵紳之一。1941 年 12 月 8 日，日本發動太平洋戰爭，12 日九龍失陷；15 日深夜，日軍再在港島北角登陸。翌日，日軍整天發炮射擊港島，而工商日晚報及《天光報》與其他報紙仍繼續出版，直至 12 月 24 日，工商日晚報及《天光報》知英軍彈盡援絕，勢將投降，才於聖誕前夕停刊。而港督楊慕琦終於 25 日下午五時許前往九龍半島酒店日軍司令部向日軍攻港司令酒井隆稱降。

香港失守，何東先生移居外地，而社長胡秩五等亦轉往廣東戰時省會韶關，加入廣東省府民政廳工作，而編輯部人員如龍實秀等，則入《大光報》服務，直至 1945 年 8 月 15 日，日本無條件投降，胡秩五社長等才陸續返港，而《工商日報》在停辦四年一月有餘之後，即行復刊，《工商晚報》則於同月十五日復版。

《工商日報》復刊後，由龍實秀任總編輯。1941 年 12 月 24 日停版前的《工商日報》總編輯則為梁寬。

"工商"兩報復刊後，何東先生仍任董事長。那時他雖已屆八十一歲高齡，但精神仍很矍鑠，遇着友人商店開張，還親自從山頂寓所下山，向友道賀。平時，他對股票、黃金市價，也很留意，常打電話給那時的中央社香港分社主任翁平探問行情。翁平有次跟他開玩笑說："何爵士，你還對股票、黃金有興趣嗎？"何爵士說："我不是炒股票和炒金，只是運動一下腦筋，測驗一下我的眼光而已了。……"

何東先生的體質一向很好，晚年雖然很少外出，但仍常在家中接見親友和兒孫款談、嬉玩。他不幸於1956年4月26日去世，享壽九十五歲。舉殯之日，春雨綿綿；靈車所過之處，人山人海，而執紼車龍，達數百輛之多。論香港的舉殯場面，有如此情況者，實屬罕見。

何東先生富甲一方，有名有錢有面。按照中國習俗，他的陪葬品一定很名貴的了，例如金銀珠寶古董等，當不可少免，但據何家有關的親友說，何東先生的陪葬品是會出入意料之外的。原來何東先生的陪葬品，是他心愛的"工商"兩報。

從這一點觀看，可知何東先生對"工商"兩報的酷愛程度。姑勿論這是何東先生的遺囑也好，還是他的兒子的主意也好，以何東先生創辦的"工商"兩報作為他的陪葬品，是很有意義的。

"工商" 兩報歷年的總編輯

《工商日報》創刊時，總編輯是黎工佽，繼任人選依次為胡秩五、袁擢英、李振中、李劍豐和梁寬。

這是《工商日報》由創刊而至 1941 年 12 月 24 日因日軍侵港而停刊前歷任總編輯。

黎工佽，老一輩的香港人多聞其名。因前文已有談及，不另。

袁擢英，廣東東莞溫塘人，留學法國，於 1931 年加入《工商日報》為總編輯，直至 1937 年始離職。旋任國立中山大學教授，直至 1945 年抗戰勝利始放下教鞭。未幾，前往西貢，在越南政府的機關任職高級主管官員。1975 年，袁擢英率妻及女移居巴黎，1983 年客死花都，享年八十三歲。

李振中則為外省人，亦為留學生。他辭去《工商日報》總編輯一職後由梁寬接任。梁原讀廣州嶺南大學醫學院，惟未畢業，即來港，服務於報界。後入《工商日報》，以迄 1941 年冬，香港淪陷時止。

1945 年 8 月 30 日，香港重光，梁寬在香港報林亦頗活躍。編訪撰寫，均屬能手。五十年代，他與高雄（三蘇）同服務於《新生晚報》，可稱一時瑜亮。

梁寬個子不太高，而頭部特大，故友好戲稱他為

"大頭寬"。他愛開玩笑。一日，他送了一項新產品予高雄，並謂價廉物美，人見人愛。高雄欣然接受。下班後，高雄持新產品以示女士們，各人愛其物美，亦喜其價廉，均交款請高雄代購。誰知高雄按址前往購買，則價錢卻比梁寬所說者昂貴甚多，但高雄不願失信、失威於女士，只好貼錢代購，而且還不敢說出真相。翌日，他見到梁寬，只有說："大頭寬，你累死我矣！"梁寬聞言，不禁掩嘴而笑。

七十年代初期，梁寬已移民三藩市，論年齡，已經"唔細（不小）"，惟衣飾入時，仍風度翩翩也，且還為香港某報撰稿，退而不休。

1945 年 8 月 15 日，日本宣佈無條件投降。是月 30 日，夏慤少將率英艦隊趕程抵港接收，並言是日為香港重光日。自此，不少在外地的香港人開始陸續復員歸來。

戰後港島中區面貌，大致與前無異，德輔道中四十三號之《工商日報》社址，亦幸無恙，該報社長胡秩五，由粵北趕程返港，即謁何東爵士，旋奉命籌備《工商日報》復版事宜。

當時，何世禮先生方出任葫蘆島後勤司令，而何鴻毅先生年紀尚幼，故《工商日報》戰後復版之事，全由胡秩五先生負責。

戰前，工商日晚報及《天光報》，人材濟濟，但經過三年零八個月香港淪陷之後，舊侶星散，所以胡先生要另行組班。結果，他跑到廣州，才找到了五位好手。他們就是譚達夫、陳子雋、陳子多、莫輝宗及楊飛。

胡先生解決了編輯部主要人員後，便加緊籌備，終於 1946 年 2 月 5 日，《工商日報》在停版四年零一月後又告與讀者見面。

戰後初期，該報由胡社長兼顧編輯部。後來，龍實秀從韶關復員返港（龍實秀在香港淪陷後赴韶關，與陳子雋、陳子多、譚達夫等同服務於《大光報》），便出任《工商日報》總編輯。可以說，他是《工商日報》戰後第一任總編輯。後來，龍實秀辭職，又由胡社長再度兼任一個時期，直至潘仁昌先生繼任為止。

潘先生於何東爵士購入《工商日報》後，加入該報服務，原任英文秘書。因為他的英文造詣甚深，所以有一個時期，他還兼顧翻譯部的工作。到了 1970 年，胡秩五退休，社長一職便由潘先生繼任。至於總編輯遺缺，則由劉念真繼承。劉氏早年供職天津《大公報》為採訪主任，是一位資深報人。1949 年來港，被邀加入《香港時報》，出任採訪主任，後轉入廣告界。

七十年代後期，劉念真因精神欠佳辭職。其時，何鴻毅先生早已出任副社長，有意提拔新秀，遂提升邵盧善為總編輯，當時，他年方三十歲左右，可以說是《工商日報》有史以來最年輕之總編輯。可惜三年後，為香港電台電視部禮聘了去。

邵盧善去後，《工商日報》曾聘資深報人江冷（戰後曾任《廣州日報》社長）入編輯部工作，但非任總編輯，工作了幾個月即離去，後且在台灣辭世。其後，聘林友培為副總編輯，半年後亦辭職他去。最後，由何世禮聘請喻舲居先生由台灣來港出任該報總編輯，以迄停版，任職逾一年。

《工商晚報》於戰後第二年，即 1946 年 2 月 15 日復版。比《工商日報》之復刊遲了五日。

《工商晚報》戰後復刊，首任總編輯為黃炳祥。黃氏長期追隨何世禮，抗戰勝利後，他曾出任廣州船舶管理處長，後離職來港，主持《工商晚報》編務。兩年後，《工商晚報》總編輯一職，由李建豐接任。李氏在戰前，曾任《工商日報》總編輯，乃一位資深報人。

1949 年，名報人任畢明由穗來港，他與李建豐年紀相若，且素莫逆。時胡秋五先生任社長，乃禮聘他任《工商日報》主筆，另在"工商"兩報以"南一"及"南蠻"筆名，撰寫雜文，每日"東拉西扯"，大受讀者歡迎。

汪玉亭（時任《成報》總編輯）、姚湘勤（時任《自然日報》社長）、李菁林（時任《中聲晚報》社長）、任畢明、李建豐、曾復明（前廣州《大光報》董事長，來港後任《星島晚報》主筆等）和書法家陳荊鴻，每天均到中環建國酒家七樓飲下午茶，風雨不間。同業稱他們為"建國七子"。

在五十年代，《工商晚報》銷路很好，李建豐身為總編輯，自然很有光彩的。

到了五十年代末期，李建豐倦勤，適巧戰後中央社香港分社主任翁平由日本返港，他與何世禮甚稔，尤其是在抗戰時期，翁平任昆明中央分社主任，時何世禮將軍亦駐防昆明，兩人經常來往，更稱莫逆。何世禮知翁平返港定居，遂邀他出任《工商晚報》總編輯，翁做了幾年，後為商業電台何佐芝先生聘為總經理助理，遂辭去《工商晚報》的職務。

在這個時候，何鴻毅先生推薦《工商日報》電訊編輯遲寶倫做《工商晚報》總編輯兼編港聞。遲寶倫是山東人，戰時任盟軍聯絡工作，戰後在廣西辦過一份小報，其後又流徙到中山縣任中學英文教師。其後便跑來香港，當獲知《工商日報》招聘電訊編輯，他便報名投考，既考翻譯，又考編報。胡秩五社長親自主考，認為滿意，遂予取錄。

胡秩五之取錄遲寶倫為電訊編輯，毫不足奇，而何鴻毅先生之提拔遲寶倫為《工商晚報》總編輯，也不出奇。因為在《工商日報》中，外省人做總編輯的，首有黎工欽（廣西容縣人），其後有李振中。而今，以一個山東人遲寶倫做《工商晚報》老總，事亦尋常；所意外者，就是以一位"山東仔"來編港聞，這可以說是大膽的嘗試了。因為外省人多不熟識香港實情，故各報的港聞編輯多由粵人，或在香港住了很久的外省人出任，而絕少用外省人充任。

從邀遲寶倫為《工商晚報》總編輯兼港聞編輯而可做得有聲有色觀之，何鴻毅先生確具慧眼。

五十年來，我目睹香港、廣州及韶關開設與停版的報紙，少說點也有一百份以上。它們之中有的開辦了數十年，也有的開設僅數月便夭折。姑勿論如何，報紙一旦結束，員工便各奔前程，很少有聚首的機會。有之，也只是三數相稔的舊同事而已。

在上述三個地區中，報紙雖然停刊，但報社同寅仍每年聚餐一次者，就我所知，只有韶關《大光報》一間而已。

1938 年 10 月 21 日，日軍攻陷廣州，廣東省府等各機關倉惶北撤，初遷粵北連縣。翌年元旦，李漢魂繼吳鐵城主持粵政，並將省府遷至曲江之黃崗，與韶關相距僅十餘公里，而第四戰區司令長官部則設在韶關帽子峯下的民生路，時任司令長官者則為張發奎將軍。

1939 年 5 月 5 日，《中山日報》首先在韶關出版。到了 7 月 7 日，《大光報》隨之出版，8 月 13 日，第四戰區《陣中日報》又相繼出版，於是廣東戰時省會的韶關便有三份日報。

《大光報》由陳錫餘任社長，創刊後，業務發展甚速，後來還有廣州灣版、連縣版。1945 年 1 月 24 日，韶關淪陷，《大光報》總社遷龍川老隆，另在興寧設分版。

計由 1939 年 7 月 7 日，《大光報》在韶關創刊後，每年此日，即舉行慶祝創刊及聚餐一次。就是 1949 年以後，《大光報》同寅每逢 7 月 7 日，仍必定聚餐一次，可以說四十六年來從未間斷過。我引述《大光報》同寅每年聚餐一次，是有感於"工商"兩報有一個稱為"工商報同學會"的誕生，這個"同學會"，也每年聚餐一次，參加者有百多人，已離職者固多，仍任職者也有，真可謂"陣容鼎盛"。

所謂"工商報同學會"，彼此之間並不是同校的先後同學，而是指曾在"工商"兩報做過事的人而言，稱之為"同學會"，名稱與意義俱佳。從"工商報同學會"參加人數之多，亦可知道"工商"兩報人員流動之大，在百餘位參加人員中，百分之九十以上是已離開"工商"兩報的，他們發起這個聚餐會，除了新舊同事歡聚外，還有懷念"工商"兩報的意義存在。

"工商"兩報已於 1984 年 12 月 1 日停刊了，"同學會"諸君今後還會每年再來一次聚餐嗎？竊以為選在每年 7 月 8 日創刊紀念那天來一次聚餐也是蠻有意義的。

戰前暢銷小報《骨子》

　　戰前的香港“小報”，哪一份最先出版？則有待查明。不過，《骨子》報在1928年出版，距今已超過九十年了，時日太久，現存之老報人，恐亦難記得矣。就我所知，在陳濟棠做“南天王”，繼李濟深為第八路軍總指揮時（1929年至1936年），香港“小報”運穗，最暢銷的就是《探海燈》、《胡椒》、《骨子》。

　　《探海燈》是關楚璞主理的，佐之者為豹翁（蘇守潔）及黎工伙。其時，關楚璞任《工商日報》主筆，黎工伙任《工商晚報》總編輯，豹翁則以健筆聞名一時，該報以刊載政海“秘聞”為主，故其受港穗讀者歡迎。迨廣州當局禁止入口，報販則秘密出售，其情況一若今日毒販之出售白粉者。例如：有人問報販有無《探海燈》，若報販說有，則請先惠五仙，甚至一毫。其實，“小報”之零售價實為一仙，但即使報販要將之售價抬高至五倍、十倍，購買者卻依然很多。還有，讀者付款後，報販命其在此等候，不可移動，報販則往附近之樓梯處秘密取出交與購者。報販如此做法，蓋恐警員及便探來搜查拉人。類此情形，我常在廣州惠愛中路、永漢路及長堤，西濠口一帶見之。至於《胡椒》，初為林柏生自美國歸來後，因無所事事，由其同學酈君出資創辦。其後，則由汪精衛支持，成了他的機關報。後來，汪精衛更資助出版《南華日報》。迨汪精衛政權於 1940 年 3 月 30 日在南京開鑼，林柏生亦袍笏登場，出任偽政權之宣傳部長。

《探海燈》及《胡椒》兩份小報，均被廣州當局視為眼中釘，凡見售賣者，即予檢控，但《骨子》則能公開售賣。蓋該報雖亦有“時人軼事”，但以趣味為原則，無誹謗之存心，且其他小品，均極清雅。原來，出版《骨子》者，乃孫壽康與羅灃銘也。孫羅二君之名，老香港者多識之或聞其名。孫壽康當年乃行走省港之西安、東安兩輪買辦，有一定名聲，而羅灃銘則是名粵劇編劇家，為薛覺先之覺盧座上客。他的古文、語體文、英文造詣甚深，同時亦為名報人，出版報紙、雜誌甚多，晚年在《星島晚報》綜合版以“塘西舊侶”筆名，撰寫《塘西花月痕》，連載二百餘日，甚為膾炙人口。孫壽康原來是香港鐘錶業巨子孫秉樞之尊翁，為瞭解《骨子》的歷史，我曾專門造訪了孫秉樞焉。

在香港，提起孫秉樞這個大名，許多人都認識他和聽過他。他是東莞人，上海滬江大學商學士、美國聖約翰大學商業博士，是香港太平紳士，前東華三院主席，香港鐘錶業巨子，及好幾間大機構的董事長。但這只是他的學歷和職銜，而他受人尊重的不是這些職銜與財富，而是他待人的厚道與對社會的愛心。

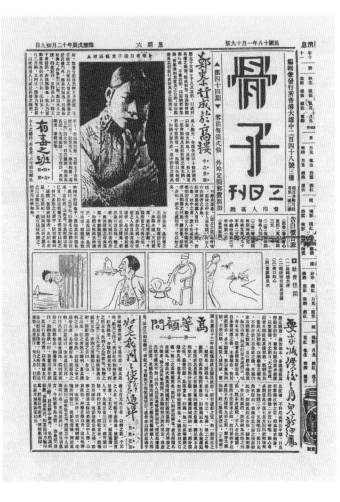

《骨子》內容着重諧趣消閑，故招徠不少讀者。

孫壽康與羅澧銘兩先生合辦的《骨子》創辦於1928年8月22日，辦了多年始停刊，而兩位創辦人均先後在六七十年代作古，想瞭解《骨子》報的情形，唯一可以查問的，只有孫秉樞而已。故冒昧訪之。孫氏說："《骨子》出版時，我年紀甚幼。不過，就我所知，先父對於文化事業很有興趣，他曾辦過'愛國出版社'，出版過新文藝書籍，在二十年代，這類書籍在香港是很少的。先父搞出版社，辦《骨子》，可以說，純是興趣和藉以消閑。那時候，他任西安輪、東安輪的買辦，工作量不多，輪船由港開往廣州後，便閑着沒事辦了。於是他利用這空閑時期來辦出版社和報紙。恰巧羅澧銘先生也很有興趣從事文化事業，先父便與羅先生合辦《骨子》。"

以我所知，二三十年代，香港有許多"小報"。有的以揭發政海"秘聞"，有的以抨擊政敵，有的以黃色小說為主，《骨子》在芸芸"小報"中，屬於以風趣消閑為主這一類，所以它的銷路很好。

《骨子》在創刊號中有"出版語"，其中有句云："……本報以骨子名，骨子云者，脫俗之謂也。"於此可知，孫壽康與羅澧銘兩先生合辦之《骨子》三日刊，實欲脫俗。而事實上，則與關楚璞之《探海燈》、林柏生之《胡椒》大異其趣。

《骨子》三日刊創刊號之第一版，有出版語，薛篤弼禁婦女剪髮之內幕，沈崧小史與四幅連環漫畫，內版有《如是我見之國民黨登記》、《說骨子》、《贈骨子》詩，《莫拉結之夫》、《我之舊鞋問題》、《交際之蘊傳略》，另一版有《再見掙扎》、《廣州時事》、《紀小博士攔駕遞冊事》、《情絲遙繫電車路》、《瓊孃重來之悒悒》、《介紹一間皮條報與嫖客》，另有一版之內容則為：《白梅芳逃之天天》、《五角加一之慶芙蕖》（該版下半版為廣告，其中有一廣告文曰"張競生博士實驗良藥。競生快育散（婦女用），總代理上海美的藥房，南方總行利源西街十號二樓⋯⋯"）

當時《骨子》編輯兼發行所在香港皇后大道中二百四十八號三樓，零售每張一仙，廣告價目為頭等面積二吋每期二元；二等封面每期每格五元，三等每期每格四元。

今將《骨子》創刊號老休所撰之《說骨子》一文錄下，俾讀者知二三十年代寫香港小報之文字情況。《說骨子》一文言曰：

言詩者必言其詩骨，猶之言仙者，亦必言其仙骨耳，詩而無骨，不可以言詩，人而無仙骨，亦不可以言仙也，骨之對為肉，大腹賈便便其體，肉多乃不見其骨，步履至瞞跚，而為狀亦至鄙俗，抑非特其形狀之鄙俗已也，其人亦多較錙銖者流，鄙俗不堪接近。噫，此豈所謂有諸內，必形諸外者歟？飯顆山頭逢杜甫，借問何來太瘦生，而今思之，殆其人亦骨格稜稜者。嗟夫，是亦為骨格稜稜者乃足與言耳，與豕論肉者，誠何以足道哉？

三日刊而以骨子名，何骨子乎爾？此又豈不以取臂之骨為骨，而賤視乎有肉之為肉哉，以論乎貌，魁梧奇偉者，必取勝於骨格，以論乎詩，清超拔俗者亦必取勝於骨格，而風流高朗者，尤必取勝於骨格也。

形體之具，骨格成之，胖碩之倫，非無其骨，特為肉所沒耳。三日刊之作，小報也，小報亦報也，報雖小，而骨格存焉，合不俗之仙骨，清雋之詩骨，嶙峋之傲骨而成之，而期期不敢望長其肌肉，所以不敢望長其肌肉者，懼得鄙俗狀，骨為肉掩，而致人有諸內必形諸外之誚耳。嗟夫，小報而肉之，不肉酸亦必肉麻，烏乎可？

抑粵諺有云，凡事物之近奇雅者，而稱之曰骨子，然則骨子固美名也，丈夫手握三寸管，橫覽天下事，是是而非非之，筆必求乎奇，而事猶近於雅，則此三日刊之作，其亦無忝此骨子之名也乎，將於是刊而求其骨子矣。

大捧汪精衛的兩份報紙

在香港的小報林中，後來"發展"最大者，首推《胡椒》。

且說當年廣州嶺南大學有位學生林柏生，與執信中學校花徐瑩相戀，雙雙跑到蘇聯留學。畢業後，林柏生獲得汪精衛賞識，被派到美國做中國國民黨紐約總支部主任委員。這時候，身為林太的徐瑩，自然也任職該部。後來，汪氏失勢，林柏生夫婦也離職回港。

林柏生家非富有，沒有資格做海外寓公。幸好他在嶺南大學讀書，而該校學生，多是富商之子，他知道同學中，有個姓鄺的住在香港。鄺是台山人，父親原是美國華僑，後來發了達，到港經商。此人不但在上環有間著名的酒店，同時在灣仔也有十餘層樓收租。在香港來說，有這樣財產的人算是富翁了。

林柏生於是找着姓鄺的同學。

老鄺招待林柏生到家裏居住，生活總算沒有問題了。

但是，林柏生對於政治既有興趣，又有野心，他知道寄人籬下，自己沒有絲毫事業基礎不是辦法。眼見那時香港有一份《探海燈》小報出版，很是暢銷，林柏生靈機一觸，認為《探海燈》內容所載，無非以

“政海秘聞”為主，其他小品為副。若論“政海秘聞”，從《探海燈》的關楚璞那裏及自己知得這麼多有關第一手消息，實不必擔心無“內幕”可爆。況且，還可以利用這份刊物，作為自己進軍政壇的本錢，於是對那姓酈的同學說：“賦閑在港，無所事事，實在太無聊了。而今，香港有份《探海燈》三日刊小報，銷路甚暢，賺錢不少。我想：我們不妨也辦一份，既可有點事做，同時也可解決生活。”

老酈是一位富家子弟，做人又隨和，以林柏生提出想辦報，而辦報的本錢又不很多，所以一口便答應了。

以當時的環境來說，如果拿着一二千港元，便足以開辦一份小報了。事實上，如果以住宅為編輯部，以茶樓為集稿地點，在印刷店排印，拿着三幾百元也可以出版一份小報了。事實上，當時許多報人，也是拿着很少的資本來創辦小報的。

林柏生既然獲得老酈的資助，於是在荷李活道租了一個新址，實行出一份三日刊，報名就是“胡椒”，取其體積雖小，但是夠辣之意。在人事分配上，《胡椒》由林柏生做社長，老酈任司理，另請一位嶺南大學同學老許做主編。

憑林柏生在政壇上的活動，他也認識一些政客，當這些政客失意時，也巴不得有些地盤讓他們發洩一下烏氣，大爆政敵的黑幕，所以《胡椒》小報一出，

《胡椒》三日刊是汪精衛於文化宣傳上的"得力助手"

127

凡與汪精衛一派不和的人，都被大肆攻擊；反之，和汪精衛同一鼻孔出氣的人，則大捧特捧，對汪精衛、陳璧君夫婦，自然捧到天上有地下無了。也可以說，捧汪（精衛）正是林柏生辦《胡椒》的真正目的。

我們回顧過去在香港、廣州出版的報紙，純商辦的未嘗沒有，但有政治性和作為政客喉舌的報紙則是更多。這些政治性報紙，自己要捧的人，則無一不是；要反對的人，則無一不非。

《胡椒》的內容，當然也是一樣。所以，凡汪精衛及其派系的人，無一不是；反汪派的人，無一不非。

政客辦報的目的無非也是這樣，而今，有人出錢辦報來捧自己的場，汪精衛及其派系的人，對林柏生自然另眼相看。

這是林柏生"借人裙冚自己腳"（利用嶺南大學同學老鄺出資辦報來捧汪精衛和打擊反汪派分子）的做法和聰明之處，所以很快他便被汪精衛賞識了。當汪精衛失勢的時候，汪派分子很多蟄居香港，他們日中無事，多以撰稿投給《胡椒》，一以洩洩胸中烏氣，一則賺些稿費，作為茶資，所以論"政海秘聞"，不亞於關楚璞辦的《探海燈》，有時還比《探海燈》更精彩，所以它在香港、廣州及四鄉的銷路很好。

《胡椒》和《探海燈》一樣，被廣州當局視為毒品，同樣是禁止入口的，如發覺報販販賣，則予拘捕，罰款兼判監。不過，報販由於厚利之故（因為定價兩仙，可以賣到一兩毫一份），所以拚命暗中售賣。其售賣方法，宛如今日香港毒販之賣鴉片一樣，先行收錢，然後叫你在指定地方等候，報販才從秘窟取出"禁報"，然後遞給買者，或着少量暗中交給買者。

林柏生在香港創辦小報《胡椒》，大捧汪精衛，抨擊汪之政敵，果然獲汪氏夫婦歡心。他本來已是汪派人物，至今更成為汪氏在文化上之得力助手。

汪精衛對於宣傳是有一套的，他認為《胡椒》三日刊是一柄匕首，自有其功用，但在大體上卻不能派用場，因此他撥款給林柏生另辦《南華日報》。《南華日報》是對開紙，有電訊、港聞、社論、副刊，形式與當時的《華字日報》、《循環日報》、《華僑日報》、《工商日報》一樣，社址在荷李活道四十九號，並於1929年開始出版，由林柏生出任社長。

由於《南華日報》的社長是林柏生，所以明眼人一看，便知這是汪系的報紙，也即是政治性的報紙。香港人向來對政治性報紙都不感興趣的，所以《南華日報》的銷路並不甚好。不過，它有的是後台，經濟不至發生問題，所以銷路如何，他們也不用愁。

《南華日報》之受人注意，是在1938年12月18日汪精衛夫婦和曾仲鳴秘密乘飛機離開重慶，直飛昆明，再由昆明飛往河內的時候。因為當其他報章發表這項消息時，大家都明白汪氏這次離渝，事情並不簡單，今後動態如何，《南華日報》或有第一手的新聞報導！因此，大家便注意起該報來了。

汪精衛離渝飛河內後，汪派人物即在香港展開活動。那時，汪派親信陳公博、周佛海、陶希聖（後來攜汪精衛與日本所商談的條約返渝向國府報告，後居台灣）、梅思平等均在香港，同住於九龍約克道。除了他們之外，另有由林柏生當主任，設在中區華人行六樓的蔚藍書局，這間書局實際上是國民黨政府戰時研究國際情勢的機關，其主要人員有梅思平、胡蘭成、李聖五、朱樸等。

上述這班人，都是寫文章的能手，所以他們也兼為《南華日報》撰寫社論和其他稿件，鼓吹"和運"，以響應汪精衛在河內的活動。

到了 1938 年 12 月 29 日，也即是汪精衛離渝飛昆明轉飛河內的第十一日，汪精衛的"艷電"在《南華日報》發表了。

汪精衛這"艷電"發表後，不啻說明他要脫離重慶抗戰陣營，而且還表示他今後要和日本軍閥合作了。所以《南華日報》發表汪精衛的"艷電"後，香港的愛國人士都大罵汪精衛，也大罵《南華日報》和林柏生了。

香港報販總代理辦報

　　1950 年，香港的著名報紙總代理共有三家。所謂報紙總代理，就是專門代理報社發行報紙的行當。香港的報紙出版後，一般都交由總代理分別發給灣仔、銅鑼灣、北角、筲箕灣和九龍油麻地、旺角、深水埗等這些"區頭"，再由"區頭"分發予報販。後來，只有一兩家報社自設發行部，其餘報社還是請"報紙總代理"處理發行業務的。

　　那三家報紙總代理的負責人就是麥泉、曾威、陳富。而這三人又是結拜兄弟。在五十年代初，這三位著名報紙總代理人合辦了一份日報，名字叫做《環球報》，編輯部人員全部是由廣州來的。總編輯是陳老勁（或稱作陳魯勁），編輯有關玉堂、甘漢華、鍾超，鄺海量則幫該報寫小說。

　　陳老勁擅寫武俠小說著名，尤其在戰後廣州，以寫洪熙官、方世玉這類人物的小說享譽一時，而他採用的筆名就是"我是山人"。

　　《環球報》出版後，銷紙相當好。於是有人認為：報紙總代理自辦報紙，是"着數"許多的。第一，他們都是"報販頭頭"，各區"區頭"都會對他們所辦的報紙加以照顧，落力分發，這樣，對於他們都是有利的。

　　不錯，報紙總代理自辦報紙，在銷量上，最初是較一些規模不大，人手不足的甫出版的報紙有利一點。不過，報紙之是否暢銷，主要還要看報紙本身的質量。陳老勁這一班人，在廣州寫小說、雜文時，已深知市場之道，所以《環球報》在港出版，也頗適合讀者口味，加以這是三位響噹噹的報紙總代理合辦的報紙，所以出版後，業務便相當可觀。另一方面，《環球報》打響頭炮亦反映了廣州報人在香港已有了立足點。

　　《環球報》出版了七年後，傳聞因內部發生意見，終於停辦，而最可惜的就是那三位創辦人，先是陳富在 1960 年去世，其後，麥泉病逝，接着曾威因為被一輛汽車撞倒而傷重不治。

　　"我是山人"陳老勁於六十年代去世，後來聽聞他的太太在赤柱大街開了一間服裝店，我特地到那裏看看，可惜那裏的時裝店中人都說不識此人，我只好悵然回去！

　　大約是 1957 年，曾威另辦了一份《國華報》（與廣州《國華報》無關），該報社址就在利源東街曾威記內，而排字房也在該報社址附近，印刷工作則交由慎記處理，而慎記也在利源東街口，所以《國華報》的編、排（排字）、印的地方相距不遠，很是方便。

　　《國華報》的總編輯丘香林，是戰前香港的資深報人，他個子修長，膚色白皙，眉清目秀，是一位古味濃厚的典型書生。丘香林嗜好收藏舊報紙，他住在歌賦街一幢舊木樓，滿屋都是麻包袋。它，就是丘香林的寶庫，因為裏面都是丘香林二三十年來所珍藏的舊報紙、舊雜誌的剪報。

有次，歌賦街發生火警，火神接近丘居，丘氏第一個反應是拚命將珍藏的麻包袋托走，坊眾異之，以他不取行李，而取麻包袋。實則，他視舊報紙，比衣物尤寶貴也。七十年代中期，丘香林患病去世，享年六十許耳。

且說曾威這個人，個子不大，有點沙聲，待人接物，非常客氣。《國華報》中有位編輯，當時的年紀也不過四十歲，與他相若。有時，那編輯上班，曾威必親自斟一杯茶遞上。這並不是他的矯情之舉，而是反映了他待人以禮，待人以誠的態度。身為《國華報》的老闆，曾威對下屬如此客氣，實屬少見，更屬難得。

曾威與麥泉、陳富三人，雖是結拜兄弟，但是三人個性不同，麥泉見到不對的地方便罵，毫不留情。陳富個性沉默，很少出聲。曾威則和易近人。在五十年代，他們三"兄弟"在報紙發行界上，算是頂尖人物了。

曾威自小入行，歷盡風霜，他做到報紙總代理確實並不容易。可以說，以前做到報紙總代理，有如軍中制度，要從士兵、班長、排長、連長、營長、團長、師長到軍長，按部就班地逐步升格。因為這樣，才能認識各區"區頭"，也即是各區的代理。換言之，許多報販總代理，都是經過一段很長的日子，很艱苦的奮鬥的。

曾威是一位很講義氣的人，他辦《國華報》，從不過問報社的人事，丘香林主理副刊，其他編輯部事務則由姓陳的採訪主任打理。後來，由於報紙競爭劇烈，而且報紙也有很多，到了1959年8月間，《國華報》終於停版（出版時間約兩年左右），而曾威與麥泉、陳富合辦的《環球報》，則較《國華報》早一點停版（出版約七年之久）。而陳富、麥泉、曾威、陳老勁、丘香林也先後作古人了。興念及此，不禁黯然！

香港戰後的報紙，由報紙代理商創辦的，還有梅亨的《真欄日報》（娛樂性刊物，以登載粵劇消息為主）。

梅亨當時代理《成報》和許多份報紙，是著名報紙代理商之一。梅亨記位於中區永樂街，面對干諾道中海旁。1947年2月4日凌晨四點鐘左右，梅亨記的夥計早已起身工作，從窗口外望，突見濃烟，直沖雲霄，接着又有火舌噴出。梅亨立即着人前往觀看，夥計回報一個驚人消息，說行走港穗兩地的西安輪發生了大火。

西安輪於凌晨由港開穗，乘客為免半夜起來搭船，所以許多人吃過宵夜或在午夜便下船睡覺，其中

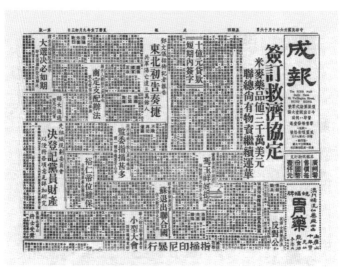

圖為 1947 年 10 月 16 日出版的《成報》，當時其廣州零售價為國幣一千元，細看內裏報導，即可知那陣中國正呈動盪局勢。

《真欄日報》以娛樂新聞為主，尤其是報導粵劇團"埋班"消息，更為詳盡。

尤以大艙客為多，所以這次西安輪大火共死傷二百餘人，為香港開埠以來有名的"海難事件"。

當時，《成報》已將部分印好之報紙送到梅亨記。梅亨知道西安輪大火消息後，馬上打電話告知《成報》負責人，該報立即派人到場採訪。結果，《成報》報導西安輪大火，成為獨有親聞，到出紙後異常暢銷。

1929 年 3 月 11 日午夜中區英皇酒店（位於雪廠街口）大火，當時廣東省府主席陳銘樞夫婦和財政廳長范其務訪港，寓於該酒店，三人均跳樓（下有消防員張開之帆布）逃生，結果，陳銘樞足部受傷。當年，《華僑日報》報導此次大火消息最詳，該報也因而暢銷，成為《華僑日報》之轉捩點。當年，《華僑日報》之總編輯為胡惠民，而編港聞的就是曾任新亞通訊社社長的衛國綸。

梅亨記老闆梅亨，總代理許多份報紙，西安輪大火後，他也辦了一份《真欄日報》。"真欄"這個名字，早見於三十年代刊載各粵劇戲班"埋班"消息的報紙，類似今日的特刊。每年夏季，各班主埋好班後，便有人出一份"真欄"。該報沿街呼賣，大聲叫喊："真欄，真欄，新埋三十六班。"這三十六班是省港班，專在廣州、香港上演粵劇。除此之外，另有許多"落鄉班"和"過山班"。"落鄉班"是到四鄉演戲的戲班，在省港沒有立足地，它出外表演時"落鄉班"有"紅船"（即載戲人前往四鄉的船隻）代步，但"過山班"

要到偏僻地區演戲便只能靠雙腿走路了。

戰後香港，粵劇興盛，薛覺先、馬師曾、紅綫女、新馬師曾、任劍輝、白雪仙、鄧碧雲、芳艷芬、陳錦棠等名伶，均組班演劇。雖然沒有三四十年代時之三十六班，但當時戲班也不少，所以梅亨創辦的《真欄日報》銷路也不錯。

《真欄日報》出版時，正是香港重光以後，先前返入大後方的伶人，紛紛回港。再加上留港穗伶人，亦相繼復出，所以在五十年代前後，香港粵劇也蓬勃一時。

後來，梅亨為了加強《真欄日報》內容，特聘小說作者余寄萍為總編輯。余又請以繪《烏龍王》漫畫享譽一時之作者雷雨田為助理總編輯，聘請名家撰寫副刊稿件。傳說：當時是採"包辦制"，由梅亨撥出固定稿費，由余寄萍分約文友執筆，這種"包副刊"制度，戰前在港頗為流行。由"包辦者"開出作者名單，訂明每月稿費若干。屆時，由"包辦者"領取，再分散給各作者，近二三十年來，這種"包副刊"的做法已不再聽聞了。

余寄萍做了《真欄日報》總編輯後，便買了一部名牌汽車，這並不稀奇；還請了一位司機駕駛，這也不為奇，但他的司機規定要穿制服的，此舉便較為少有了。當余寄萍由灣仔寓所乘車至中環永樂街《真欄日報》報社時，憑車內有一位臉白無鬚，穿整齊西裝，

香港報販總代理辦報

137

而司機則穿着全套制服的，新聞界同業或其友人，便知這是余寄萍的座駕車了。至於梅亨的私家車，自然是比許多報館老闆的私家車要名貴得多了。

余寄萍於戰前已撰寫小說，筆名是怡紅生，專寫愛情小說。他膚色白皙，談吐斯文，為人拘謹，沉默寡言。他在"文運亨通"的時候，每天要寫七八篇小說，有的是自己動筆去寫，有的則是先對錄音機講，再請人照錄音所說的筆錄。用這種方法"寫稿"的，除余寄萍外，還有以寫怪論著名的三蘇（高雄）也是這樣。

余寄萍在香港重光後，便在《成報》主編港聞版，很得社長何文法器重。到了七十年初，余寄萍忽患高血壓症，無法工作，在家休養了一個長時間，再返《成報》工作。何文法為免他過勞，派他編一些稿件，怎知余寄萍經過這場"大病"之後，腦部似有問題，只得退休，在家休息。過了一個時候，他終於撒手塵寰了。

余寄洋在香港新聞界中，是一位敬業樂業的報人，享年僅六十有餘耳！

三十年代的“小報王”《探海燈》

三十年代初，香港有許多“小報”，著名者有《探海燈》、《胡椒》、《石山》、（骨子）等，其中以《探海燈》及《胡椒》最暢銷。

《探海燈》是關楚璞創辦，主要作者有豹翁（蘇守潔）和黎工佽，而《胡椒》則為汪精衛系大員林柏生所創辦，後再主持汪精衛之機關報《南華日報》。

《探海燈》與《胡椒》，均以“政海秘聞”作號召，加以關楚璞、蘇守潔，黎工佽文筆甚健，接觸面廣，可以稱為香港的“小報王”。

其時，乃陳濟棠做“南天王”的時代（1929年至1936年），廣州治安甚好，市面繁榮，每月來往省港的人，非常之多。因此兩地人士，對於廣州之“政海秘聞”至感興趣，故銷路極佳。廣州當局以香港“小報”所報導者，多不盡不實，故實行禁止運入售賣，執行者則為公安局之警員，故“小報”均遷怒於公安局長何犖，《探海燈》因而常對何犖大事抨擊、挪揄，且稱之為“殺人王”。

前文曾提及1935年秋，《工商日報》因刊載了第八路軍總司令部擬設“軍事科學研究委員會”之獨有新聞而惹禍，主角之一陳錫餘雖得示清白，但亦被請代勸告《探海燈》謂其不要再稱何犖為"殺人王"。從此亦可知何氏對《探海燈》之不滿。

黎工伙任《工商晚報》總編輯時，領有自衛手槍，每次外出，必藏於腰間。其時，新聞界有自衛手槍者，除了黎工伙外，還有一位"總記者"劉文藻（劉氏在許多間報社兼任記者，他的名片上印有各報報名，報名之下則印"總記者"三個字，故人們亦戲稱他為"總記者"）。

且說有一天黃昏前，黎工伙從德輔道中《工商日報》社址步出，將至利源西街時，突然槍聲一響。初時，人們還以為是匪徒打劫，後來看見一人躺在血泊中。記者聞訊，紛紛前來採訪，誰知一看，中彈者竟是黎工伙（後來已證實被擊斃）。

這顯然是一宗謀殺案。至於黎工伙為何被謀殺？至今仍是一個謎。不過，據一般傳說推測，黎工伙被殺，係與尋仇雪恨、殺雞嚇猴有關。

事後，據《探海燈》主編關楚璞說：黎工伙如果沒有自衛手槍，可能不致被槍殺，兇徒因為要開槍殺他，是怕他被利器狙擊後，拔槍還擊，所以不得不開槍，而且要彈中要害，令他當場倒地。

照關楚璞這番話的意思，不管是誰，兇手之要狙擊黎工伙，最初目的不外是懲戒他，而無意將他置於死地。但因為黎氏佩有短槍，兇手恐防他被襲擊後拔槍還擊，則吃虧的反是自己，因此為着安全計，使用

三十年代，《探海燈》對粵當局抨擊至力，專揭時人政事"秘聞"。

手槍射他……

　　根據關楚璞這種分析，黎工佽之死，是被人買兇暗殺的。

　　關氏是軍事分析家，對軍事、政治問題都有敏銳而準確的觀察，因此人們對於他的分析都頗相信，至於黎工佽因何被殺。據一般人估計，與廣州政界中人有關，因為《探海燈》專以揭發廣州"政海秘聞"來吸引讀者。所謂"秘聞"，當然有不盡不實之處。

　　例如：1931 年 10 月 28 日，陳濟棠之"義父"古應芬（國民黨元老）因背瘤發病，繼以牙疾去世。當時，省港盛傳有人送一副輓聯到治喪處，聯曰："死早三年天有眼，死遲半載地無皮。"其實，到底有無此事，實在成謎。惟此聯之傳播，則由《探海燈》而起也。

　　早年，有位老報人潘君與我談及此事說："《探海燈》發表此聯前，我到《探海燈》，關楚璞曾以此聯及文予我過目，我事後懷疑此聯可能為人杜撰，而並無此事，而治喪處辦事人更不會將此聯懸出之理（據傳說後為人發覺，始急將之除下）。換言之，此聯實為由《探海燈》作者杜撰之'秘聞'，適該報刊出後便遍傳省港。……"

　　由於《探海燈》所刊載文章，多對廣州當局不利，因而禁止在穗發售，因此雙方勢成水火，《探海燈》對粵當局抨擊至力，而廣州公安局嚴禁《探海燈》在市面發售亦更嚴。而雙方結怨亦越深。關楚璞、黎工佽、蘇守潔乃《探海燈》之台柱，粵當局知之甚詳，曾託人向彼等幹旋，願化"敵"為友，但《探海燈》置之不理，仍爆"秘聞"如故。因此，黎工佽這次之被暗殺，眾料與文字賈禍有關。

黎工佽在港被人開槍暗殺事，使我想起另一位報人蘇守潔之"失蹤"。

蘇守潔與黎工佽都是《探海燈》三日刊的台柱。專以抨擊廣州政海人物著名，惟其文筆生動有力，故亦為讀者所喜，論名氣，"豹翁"之名固甚響。

當時，香港報壇，寫新派小說而飲譽者，當推《天光報》之三大名家傑克、望雲及平可；寫鴛鴦蝴蝶派文言小說者，則推靈簫生、王香琴等，若論寫"小報"小品，則首推蘇守潔、黎工佽、關楚璞、鄧羽公等矣。

且說：蘇守潔與黎工佽因為同為《探海燈》台柱，故常相約茗談飲酒。黎工佽被殺前數月，蘇守潔每天都邀黎工佽到中環的酒家飲茶及食晚飯，而且食必珍饈，飲必佳釀，所耗不貲。有時，黎工佽爭着付賬，蘇守潔都不允許，必要自己付錢。

蘇守潔如此闊綽，這般關照，使黎工佽吃得也過意不去，問他為什麼天天請吃，蘇守潔也笑而不答，當時黎工佽還以為是蘇守潔發橫財而已。

不料數月後，黎工佽被殺了。

更想不到，蘇守潔不久也失蹤了。

蘇守潔的朋友是知道蘇守潔去了廣州，只是一去不知所蹤而已。

若干時日後，報界中人傳出兩項消息：

廣州當局以《探海燈》小報每期都有不利粵省政要的新聞刊載，於是託人斡旋，並請蘇守潔主其事，蘇允之，但《探海燈》所載新聞及小品，仍是一樣，尤其是黎工佽所寫的稿件，更無半點筆下留情。經手人以黎工佽太沒有道義，對他恨之刺骨。因此人們懷疑黎工佽之死，與此有關。

後來經辦此事的人一查，獲知蘇守潔並無將粵當局的好意告知黎工佽，因而對他極表不滿。於是請人約蘇守潔赴穗，謂某政要亟須覓一秘書，擬請屈就，蘇氏遂前往廣州。搭綫者某日與蘇守潔買醉於白鵝潭菜艇，對方乘蘇氏醉酒，以石縛其身，拋下白鵝潭中云。

另有一說：謂廣州治安當局偵破空軍太太怒殺姜侍，擬請蘇守潔撰一小說，筆金早已先付，詎料蘇久不交稿，某政要大怒，於是使人殺之於石井荒山中云。

上面兩說，雖均是傳聞，但許多人認為以第一種傳說較有可能。故併錄之，以供談屑。

《天光報》曾掀起 "連載小說熱"

　　《天光報》在香港報壇上有一頁輝煌的歷史。它曾經掀起香港人讀小說的熱潮，尤其是家庭主婦和女學生，對《天光報》的小說更入了迷，而使該報的銷路，直綫上升。

　　《天光報》出版時是 1933 年，也即是陳濟棠做了 "南天王" 四年之後（陳濟棠自 1929 年起繼李濟深任第八路軍總司令，以迄 1936 年 7 月 18 日始下野還政中央）。其時，廣州及粵省四鄉都治安良好，市面繁榮，甚至香港亦見一片蓬勃。

　　省港市民都安居樂業，這對於閱讀報紙及小說的風氣都有很大影響。

　　《天光報》出版時，由胡秩五兼社長，總編輯是有 "軍師" 之稱的汪玉亭，經理部有 "報醫" 之稱的李少穆。該報擁有最多的讀者是家庭主婦和女學生。她們不僅是 "睇報紙"，而且簡直就是 "追報紙"，追讀該報連載的長篇小說。

　　《天光報》編輯部經常接到女讀者的電話，探問明天見報的某篇小說的情節發展怎樣。比方：當某小說寫到某甲寫信給一位女子，約她明晚七時在娛樂戲院門口相會便收筆了，便有女讀者看得心急，不曉得那女子收不收到那封信，和是否應約，又或者欲知他們相會後怎樣⋯⋯。

　　總之，這些女讀者打來的電話，問的事情都是很幼稚，往往令人發噱的。不過，從這一點去觀看，也可知《天光報》的小說自有吸引人的地方。那時候，《工商日報》、《工商晚報》、《天光報》共佔總銷量達十五萬份，而《天光報》則佔五萬份左右。在八十萬人口的香港，一份日報而能銷到這個數字，確是很難得的了，相信許多老香港對《天光報》仍有很深印象。

　　《天光報》的小說名噪一時，它以小說掀起讀者讀報的熱潮，以後許多報紙都有小說版，多多少少是受了《天光報》的影響。

　　三十年代以前，香港和廣州的報紙，除了有新聞之外，還有"諧部"。所謂"諧部"，就是今日所稱的"副刊"。

　　以前省港報章的"諧部"，多以雜文、詩聯、或掌故之類為主要內容，縱使有"小說"，也只不過是短篇作品，而很少連載"長篇小說"。

　　香港《天光報》於 1933 年 2 月面世，不久，即一紙風行，它的成功之處有三：第一，《天光報》售價每份一仙，而其他日報則售價五仙；第二，《天光報》每日凌晨三時出版，真真正正做到"天光有報"；第三，《天光報》的小說很吸引人，擁有許多讀者，甚至可以說，《天光報》的讀者，以追讀小說為最多。

《天光報》於凌晨三時出版，是名符其實的"天光報"。

當時，《天光報》有多篇小說，其中以傑克（黃天石）、望雲（張文炳，又名吻冰）、平可（岑卓雲）三人的作品為最受讀者歡迎。譬如：傑克的《紅巾誤》、望雲的《黑俠》、平可的《錦繡年華》等膾炙人口的小說，都是刊於《天光報》的副刊。

傑克是安徽人，原在上海學電機工程，後到廣州，先在粵漢鐵路局供職，後轉服務報界，其後始轉來香港。他的古典文學根底很好，工於詩詞，曾在香港開設新聞學院，而且可以說是香港新聞學院的始創者。六十年代，曾出任香港筆會長。七十年代中，由港島中環移居元朗。1983年病重，友人擬助以金錢，然而，他的夫人說："傑克生性耿介，不願接受友人資助，心領矣！"1983 年 2 月 4 日，傑克病逝，享年亦達八十歲。

望雲一向服務於電影院，精通英文，看電影及劇本甚多，這對於他創作小說很有幫助，他除了寫小說外，亦擅長寫雜文、隨筆，不幸於 1959 年 5 月 27 日，因患癌去世，享年僅四十八歲。望雲英年早喪，令人惋惜。

平可過去是一名"番書仔"（曾於英文書院就讀），能駕馭中英兩種文字。六十年代，他主編《家庭生活》雜誌英文版時，曾在該刊教授讀者學習中英語文，對社會貢獻至大。後入荷蘭某牛奶公司服務，七十年代中移民美國。

平可在香港時，我常與他茗談，我曾問他："當年（三十年代）你們三位替《天光報》寫小說，每月稿費若干？"他說："最初數目不多，但到後來，每篇每月稿費已加到三百元了。"

當時的香港社會，在洋行或政府機構任職，普通的月薪只是三四十元，而傑克、望雲、平可寫的小說，每月稿費竟高達三百元，這在三十年代，確是一個很大的數字。

戰前香港 "小報" 一瞥

　　香港的 "小報" 最先出版的是哪一份呢？因為研究香港報業史的人鮮有提及，而現存的老報人或不留意，或不知道，所以很難獲得這樣的資料。筆者愛搜集報業史資料，也愛留意政壇文壇掌故，經多方採訪，對於香港 "小報史" 略知一二。不過部分被訪者都是靠記憶所得而作介紹，因此史實的真確性或有問題，尤其是出版時間方面，更有待考查，現在就所知先行錄出，作為拋磚引玉，如各方君子有此類資料者，尚祈賜教。

　　且先說 "小報" 這個定義。

　　香港有些社會人士把每日出版三四張紙以上的說是 "大報"，稱每日出紙一大張的說是 "小報"，這只是一般人的稱呼，其實，一張報紙的真正價值，應該在其內容是否充實，報格是否高尚，而不在其每日出紙若干張的。

　　本文所述的 "小報" 是 1930 年至 1940 年在香港最流行的四開紙的小型報（現在各位讀的報紙開度，新聞術語中稱之為對開，四開紙即是比對開紙再小一半）。這種 "小報"，有的是周刊，有的是三日刊，有的是雙日刊。至於報紙內容，則有小說、雜文、時人行蹤，名人軼事及評論等。

"小報"和一般日報、晚報的最大分別就是，日報、晚報有電訊、港聞及各地消息，而小報則沒有電訊，也沒有港聞，有之，只是一些小說和雜文等。

由於一般日報，尤其被人稱為"大報"的報紙，多以嚴肅姿態出現，內有電訊、港聞、四鄉消息（指廣東各縣的報導）、社論、短評，雖然也有"諧部"，但也是嚴肅的，故"小報"一旦出現，便大受讀者歡迎。

為什麼"小報"會大受讀者歡迎，這完全與內容輕鬆有趣，而且有些更涉及個人的私生活。探秘搜奇是一般人所愛好，而"小報"有此類作品，故為小市民所歡喜，因此"小報"能"洛陽紙貴"，繼之而出的便有許多花樣了。

大約在 1927 年，香港有一份四開型的報紙，名為《微波》，初時原為一份日報的副刊，因為內容與一般日報副刊不同，所以後來改為獨立出版，以"小報"姿態出現。此報同時在香港，廣州發售，每份一仙。

照一位五十多年報齡的李君告訴我：當時他很愛讀《微波》，也曾經常投稿該報。

跟着，有一份《赤報》的小報出版，因為是宣傳共產主義的，因此出版一期，便被封閉，以後也沒有再出了。一兩年後，又有《大快活》、《遊樂場》三日刊，相繼出版。

上述這些"小報"，我都沒有拜讀過，在筆者來說，我最先讀到的香港"小報"，是在陳濟棠主持粵政時代，即1929年至1936年這八年間，那時筆者在廣州，常見報販在市內大新公司門前一帶，看見有人經過便說："《探海燈》……《骨子》……《疏肝》……"

　　這些報販手上沒拿報紙，只作上述的呼叫，如果讀者要買，他便從袋內或到附近的牆邊拿出來賣給你，為什麼會這樣子呢？原來，當時的廣州，因為香港"小報"，揭發時人秘聞，或刊載另有作用的文字，所以被廣州市政府列為禁品，不准公開發售。怎知政府越禁，讀者越想看，報販為了滿足讀者需求，只是偷偷地發售。那些"小報"每份原售一二個銅仙，但在廣州，《探海燈》等"小報"，往往賣到半角錢一份。

　　在《大快活》、《遊樂場》三日刊出版後，有《開心》、《疏肝》出版，這兩份"小報"是專講石塘風月和歌壇新聞，可以說是"純軟性"刊物，愛讀名伶，歌妓新聞的，自然對《開心》、《疏肝》特別感興趣。到了1934年至1935年間，有一份名叫《骨子》的"小報"非常暢銷，它曾鬧過轟動一時的新聞，而因為這場官司，使香港政府訂下一條法例，凡報紙刊物出版須繳三千元保證金。

　　這份《骨子》來頭不少，是汪精衛愛將林柏生所主辦。有一次，因為刊登一段有關社會教育界音樂界名人潘賢達的新聞，引起潘氏在別報反駁。《骨子》於是和潘賢達開筆戰，副題是"一作潘賢達之後"，意思是讀了潘賢達的文章之後而寫的，"一作"是第一篇之意。其後，潘賢達又在別報駁斥，《骨子》又以文還擊（副題是"二作潘賢達之後"）；潘氏再度揮筆力斥，《骨子》繼續炮製"三作潘賢達之後"自然就不在話下了。

一作，二作，三作，在表面上看來是很文雅的，但廣州話之"作"字則可作別解，含有猥褻的意思，作字之末再加一個"後"字，則更露骨。為此，潘賢達先生大怒，並以該報語含誹謗，於是延聘律師控告《骨子》。

此事在當時香港及廣州，曾轟動一時，資為話柄。

在潘賢達控告《骨子》之前，在香港出版報紙刊物是很自由的，只要呈報華民司署（即今之民政署）便成。而今，潘賢達控告《骨子》，需要賠償，假如它停版，出版人又不露面（有沒有呈報華民司署也成問題）則無法追索的。

經過這一次潘賢達控告《骨子》後，華民政務司署便訂立一條法例，凡報紙雜誌出版，一律需交保證金三千元（人事擔保也可以）如無款繳罰賠償時，則在保證金項下扣除。

這項三千元保證金實施了數十年，直至多年前，因為港幣貶值，保證金金額由三千元增至一萬元。後來出版報紙雜誌，須向民政署註冊，並繳納一萬元保證金。假如是出版雜誌的話，還可以請兩位知名人士（醫生，律師，議員或太平紳士等）做保證人。倘若出版報紙，則需繳一萬元作按金。

當時《骨子》在香港、廣州非常暢銷。後來，汪精衛要在香港辦報，於是委託林柏生出版《南華日報》，由林氏任社長，因此《骨子》也沒有出版了。

在香港許多小報中，多數都是報人、文人斥資經營的。除此之外，也有些"政客"出資或補助，以資宣傳個人或攻擊政敵的工具，小報攻擊香港以外的人，當事人也莫奈他何。

《骨子》出版後，《華星》三日刊繼之面世，它是《華字日報》的編輯、記者所辦，是一份內容相當充實的小報。

論在香港最受人注意，尤其是為廣州人愛讀的香港小報，當首推《探海燈》了。

在 1929 年至 1936 年陳濟棠做"南天王"時，廣東民豐物阜，社會繁榮。到了西南政務委員會成立，胡漢民、蕭佛成、古應芬等一班國民黨元老抵粵，而廣西的李宗仁、白崇禧亦加盟。一時間，廣州冠蓋雲集，政治秘聞自為一般人所樂知，而《探海燈》就是以此類新聞取勝，貶褒均有，所以為讀者歡迎，銷路甚好。而廣州則視之為禁報，不許發售。結果讀者卻因為《探海燈》是禁報而感興趣，即使一些過去沒有看過該報的，也因此而購讀。

戰前香港出版的小報，先後不下十種，但以《探海燈》最為人注意。該報是關楚璞、黎工佽等人所辦，前者擅長寫小說及評論，而後者則精於雜文。

　　在陳濟棠主粵時代，廣州有一份小報也是非常有名的，那就是《羽公報》，是報人鄧羽公所辦，該報最膾炙人口的是與"冇鼻婆"打官司，緣當時有位陳太與一伶人友善，《羽公報》揭發其事，陳太控該報誹謗，終於弄至對簿公庭，羽公辯曰："吾文所指者，乃'冇鼻婆'，而原訴人有鼻，焉能說'冇鼻婆'是她？"

　　這位陳太是一位扁鼻婦人，望之如"冇鼻"，《羽公報》刊載一文，針對誰人，其實可以意會。此案在廣州審訊期間，轟動一時，而《羽公報》銷路，亦因而大暢。後來，《羽公報》改為《愚公報》，終為當局所不容，警方有次更往該報找負責人，而鄧羽公見情況不妙，即爬上天台越牆逃走。來港後，改辦《濕碎》小報，惟銷路遠不及《羽公報》、《愚公報》了。

　　1945 年 8 月 30 日，香港重光後，鄧羽公改業中醫，曾在香港灣仔春園街懸壺問世，直至六十年代前才謝世。在《深海燈》最為暢銷的時候，另一份《春秋》小報出版了，它是由衛春秋（筆名靈簫生）主辦，內容以小說為主，他所寫的《海角紅樓》，風行一時，且曾被改編拍為電影，小報而以小說"擔紙"，當以《春秋》為最。

　　《春秋》除了衛春秋的小說《海角紅樓》甚為讀者

愛讀外，楊大名（筆名峒崆）的《春深太史第》也大受歡迎，因為該小說的主人翁太史公，就是名聞百粵的江霞公孔殷，粵人以霞公與蝦公諧音，故又多稱之為"江蝦"，或"蝦公"。

在民國初年至陳濟棠主持粵政這二十五年中，江霞公以太史的身份，又因與駐防廣州河南之第四軍福軍軍長李福林為莫逆交，成為河南一文一武之煊赫一時人物。故此，省港澳人士，莫不知有江太史其人。但聞其人之大名，卻多不知其人之軼事，後來楊大名所寫的《春深太史第》，以其作為書中主人翁，故為讀者愛讀。楊大名歷任《華僑日報》體育版主編，七十年末期已移民加拿大。

香港重光後，衛春秋仍以撰寫小說為生，為多家報社撰稿，約於 1974 年至 1975 年間，病逝香江。

在香港小報中，任護花是一名健者。1938 年，他辦有一份《先導》報，並以"金牙二"作筆名撰寫一個專欄，內容類似今日報章之怪論，詞鋒非常"抵死"有趣。

1941 年 12 月 8 日，太平洋戰爭爆發。香港陷敵後，任護花離港輾轉返入廣東戰時省會韶關，除在《粵華報》撰寫小說外，並與太太紫葡萄粉墨登場演新派粵劇，協助政府宣傳抗戰。戰後返港，創辦了《紅綠日報》。

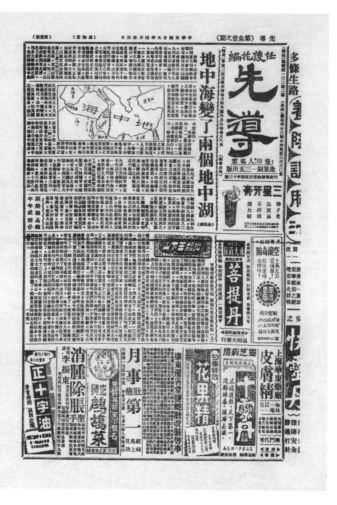

任護花主編的《先導》雖是四開小報，卻包羅了小說、時評、怪論、戲院情報等內容。

軍人創辦的《天文臺》

　　談起香港報壇、報史、報人，不能漏了《天文臺》三日刊和該刊創辦人陳孝威。由 1858 年（照黃勝年譜則是 1860 年），自黃勝與伍廷芳在港創辦了《中外新報》——香港第一份中文報紙之後，所有報紙都是文化人、商人創辦的。由軍人創辦，並親自主持，親撰文章者，當以陳孝威創辦的《天文臺》三日刊開始。

　　且先介紹陳孝威的簡史：陳孝威，本名增榮，後改名為向元，在清光緒十九年（1893），生於福州，幼年畢業於福州武備學堂（相當於陸軍小學），其後，升入南京陸軍中學，適辛亥革命，學校解散，與同學楊培根、樊銑等回福州，遊說新軍統領孫道仁舉義，取得成功。再赴上海謀發展，獲鎮江都督林述慶之任命為連長，參加攻南京之役。民國成立後，軍事教育制度亦革新，各省武備學校或陸軍小學皆取消，陸軍中學改為陸軍預備學校，陳氏解軍職，入河北清河陸軍第一預備學校復學，至民國三年（1914），升入保定軍官學校第二期。

　　1915 年，日本向我國提出二十一條條件，5 月 9日簽字，全國輿論嘩然，袁世凱帝制自為，全國遂有倒袁運動。時陳氏正在求學，他以學生身份參加愛國運動，熱血沸騰，表現突出。保定軍官學校，為袁世凱培養全國軍官的大本營，陳孝威敢於向北洋軍閥挑戰，此舉使校長曲同豐的職位受到動搖，卒被撤職革官（曲氏官階為陸軍少將）。不過，袁世凱的皇帝夢也做不成，在 1916 年 6 月 6 日於四面楚歌之中氣死。

陳孝威在保定軍官學校畢業後，初任其母校校長王汝賢所部上校參謀，隨駐江西。1923 年任少將旅長，1926 年任泰寧鎮守使，官拜中將，兼旅長如故（按：泰寧位處河北，為遜清帝后陵寢所在地，巨木參天，亙數十里）。

1931 年 9 月 18 日，日軍侵我東北三省（史稱"九一八"事變），次年偽滿洲國初成，"國務總理"鄭孝胥曾電邀陳孝威任要職，卻遭陳氏峻拒。1936 年 11 月 7 日，陳氏在港創辦了《天文臺》三日刊。

在《天文臺》創刊之前，以畢業於保定軍官學校，官拜中將而出任泰寧鎮守使又兼任旅長；解甲後，隱居香港，而創辦報章（尤其是一份三日刊的小型報），當以陳氏為第一人。換言之，以官拜中將，手持軍符而在港辦報者，當以陳孝威為首。

《天文臺》的重點內容，放在第一版，其中有由陳孝威親撰之政論，其餘則為政壇掌故等。初出版時，內容雖具特色，但不為讀者所接受。直到 1937 年 7 月 7 日，蘆溝橋燃起戰火，抗戰軍興，陳孝威仍揮筆論政，暢談軍事。因其所說成理，故漸得讀者信仰，

研究香港報業，不能不提《天文臺》。

同時，國人均欲得知本國抗戰之前途，以陳孝威乃軍校學生，且曾任泰寧鎮守使，官拜中將，與一般書生"紙上談兵"，當不可同日而語。隨着國人日益關心國是，《天文臺》三日刊亦因此而暢銷，據知其銷數最高曾達十萬份，而發行網也遠至南洋一帶。

陳氏除在《天文臺》撰文論政外，輒將其政論着人譯為英文，寄與英、美當政者，如英國首相邱吉爾、美國總統羅斯福等，彼等接陳孝威書信亦着覆函予之，陳氏又將覆函製版刊於《天文臺》報端，此舉，對於該報及陳孝威的聲響，亦有極好的影響，也可以說是拜陳氏的"國民外交"所賜。

在第二次世界大戰期間，日本、德國、意大利三國聯盟，號為"軸心"。陳孝威於是撰《論大不列顛之戰應使用之政略，戰略，戰術》，其文曰：

> 德海軍居於劣勢，無渡海攻英之充分勝算的計劃與準備，雖有強大空軍，但空不能制海，空不能伐海，縱屬強大，無所施技，況其命中率與持續性又成問題，勢必放棄戰略轟炸，因此，勝利屬於英國……

此文正本予英首相邱吉爾，副本予戰時香港岳桐中將，二人均有覆書。其後，陳氏又致書美國總統羅斯福，針對德意日三個協定，為羅斯福借箸代籌，提出五個理由，指出倘"使德意國不能於美國大選揭曉前，完成其攻英之目的，則德用侵略軍事攻勢，將由頂點而下降……"

陳氏將歷年致書英美元首及其他著述輯而成章者至夥，蒙其饋贈者亦有多本，綜觀在戰前與戰後，我從《天文臺》報拜讀及其所著各書之鴻文，知陳所見，確有其獨特見地。

陳氏在香港新聞界中地位特別，他是將軍、報人、軍事政治評論家，也是名作家，常常有詩詞鴻文發表。

1941年聖誕節，香港英軍向日軍投降。《天文臺》亦於是年12月24日自動停刊。不久，陳孝威轉赴四川，迄1945年5月，《天文臺》在重慶復刊。限於財力，該報改為周刊。自此過了三月，日本無條件投降。到了1947年9月，《天文臺》改在上海出版。又過一年，因國內時局動盪，京滬人民紛紛南下。1949年，《天文臺》自滬遷穗。同年10月，《天文臺》再回到香港續辦。

這時陳孝威已有五十六歲，但身體依然壯健。他在社交場中，仍甚活躍。其後，由於環境關係，有一段時期香港報紙只能局限於本地發行。南洋方面，自然是不准香港報紙入口，故《天文臺》的銷路已大不如前。

1974年2月24日晨八時，陳氏終因年老關係，在家去世，享年八十有一。自此，該報改聘名政論家黎晉偉任社長，黎氏接任後，揭櫫"寧為獨角獸，不作兩頭蛇"為辦報之方針，並邀請任畢明、陳畸、嚴南方等人執筆。數年後，黎氏以公私事務日繁，辭去《天文臺》社長職務（據雷嘯岑生前對我說，《天文臺》後來由殷宏俊接辦）。

令香港人眼界大開的三份報紙

1937 年 7 月 7 日，抗戰爆發。是年 8 月 13 日，日軍進侵上海，揚言"三月亡華"，但我軍在上海卻堅持作戰了三個多月，到 11 月底才撤退。

在炮火聲中，上海許多報紙都停刊了，有的更遷來香港出版，如成舍我的《立報》，胡政之的《大公報》，鄒韜奮的《生活日報》，就是其中的例子（鄒韜奮原在上海出版《生活》周刊，來了香港才出《生活日報》）。

《立報》與《大公報》都是中國著名的報紙。

《立報》以小型報形式，在上海日銷二十五萬份，這銷數是相當驚人的。也因為《立報》之暢銷，使小型報地位增光不少，《立報》是在 1935 年 9 月在滬創刊的，它的暢銷成績，無疑使得小型報的地位亦為之叫人刮目相看。

且說面對戰火瀰漫，成舍我也知道上海終難永保不失，我軍拚命在上海死打，一方面以挫日本"三月亡華"的銳氣，另一方面，等國民黨政府有時間作有計劃的撤退。

到了 1937 年 11 月底，上海淪陷，《立報》也告停刊，成舍我便將《立報》遷到香港出版。

香港《立報》是於 1938 年 4 月 1 日出版的，社址是在皇后大道中一百七十五號。樓下就是鄒韜奮開設的生活書店。

《立報》在上海日銷二十五萬份時，其社址當然堂哉皇哉。而今逃難到了香港，而香港又是寸金尺土，所以社址的面積並不很大。《立報》租用了三樓，作為編輯部與營業部的辦公地方；二樓為排字房，四樓則為職工宿舍。在印刷方面，則交由別的印務所承印。

《立報》在香港出版初時的人事是這樣的：

成舍我任社長，稍後，由薩空了做總編輯。不久，薩空了去新疆辦《新疆日報》，由胡春冰繼任總編輯，胡氏後來辭職，改由李素（即李健白）任總編輯。李氏於戰後曾先後擔任廣州《中山日報》和《前鋒日報》的總編輯，1950 年後，任香港亞洲出版社編輯等職。

《立報》副刊"言林"的主編是茅盾，他做了不久便辭職，改由葉靈鳳主編。在香港出版《新聞天地》的社長卜少夫，當時則主編《立報》另一副刊"花果山"。

而曾任《工商日報》翻譯，《香港時報》副總編輯兼採訪主任的林友蘭，那時也服務於《立報》。

除上述各位外，另有許多編輯、記者。論人手，《立報》的情況也算是不錯了。

成舍我來香港開辦《立報》，當然抱有很大的理想，他以為《立報》在上海可以日銷二十五萬份，香港人口雖比上海少許多，但日銷數萬份總不難吧，誰知出版之後，它的銷數卻大失所望。

羅吟圃是潮州人，青年時在汕頭讀書，後來留學法國，與出版界聞人季微塵（五十年代曾在香港出版《熱風》半月刊，後赴新加坡，任李光耀總理秘書）是同學兼摯友。

羅吟圃學成返國後，曾一度隨孔祥熙工作。他為人沉默寡言，個性隨和，絕無架子。就算你不識相法，看了他的樣子儀態，你便知他是一位誠實可靠而又負責的學者。

他在香港創辦《星報》時，年齡大約是二十八歲左右，屬於少壯派一類。

香港環境特殊，報紙讀者口味亦異，所以外地人來港辦報，有時會患了“水土不服”。鄒韜奮的《生活日報》，成舍我的《立報》，羅吟圃的《星報》都曾有過這種遭際。不過，上述各報的銷路雖不如理想，但在內容上，編排上，報社管理上，均予香港報人多了一項新經驗，使讀者眼界為之一開。

1941 年 12 月 8 日，太平洋戰爭爆發，香港經過十八日戰爭後，終告淪陷。在惡劣的形勢下羅吟圃只好前往重慶，再隨孔祥熙服務。

到了 1945 年 8 月 15 日，日本宣佈無條件投降，羅吟圃奉派出任上海“匯業局副局長”（真正的名銜是否如此待查，不過是負責金融及接收敵產的業務機構）。
這是一項"肥缺"，如果由一位略有貪念的人當這個職
位，也許他會從中賺取不少額外財富，不消多久便成
為大富。但據一位當時在上海而又熟識羅吟圃的人告
訴我：羅吟圃雖有許多"發財"機會，但他奉公守法，
絲毫不苟取小利。

就筆者所知，羅吟圃的確是這樣的一位書生，他
愛書本，甚於愛金銀珠寶；他愛名譽，甚於愛他的生
命，他的做人宗旨就是"知足常樂"。

1949 年，羅吟圃和他的太太及女兒由上海來港。
他和一般文化人一樣，生活很清苦。但羅氏倒能自樂
其樂，日中只是閉門讀書，寫稿。

1952 年，《中南日報》出版。這是一份由多位廣
州名報人合辦的報紙。請先看看它的陣容：社長陳錫
餘，副社長梁風，總經理梁善文，經理李少穆，總編
輯嚴南方，秘書周康燮，而總主筆則是羅吟圃。

上述幾位任社長、副社長、總經理、總編輯的都
是廣州的名報人，也都是在 1949 年 10 月時來香港
的，其中只有羅吟圃，雖是廣東潮州人，但不是廣州
報人。為什麼《中南日報》這樣一份有規模的報紙，
要禮聘羅吟圃任總主筆呢？無他，他是國際問題專
家，是撰寫社論的好手。《中南日報》要網羅一流人
才，自然要禮聘羅吟圃"拔刀相助"了。

羅吟圃有一個習慣，每天返報社上班，必帶一本

記事簿，我覺得做新聞從業員，最好也有這個習慣，原來這本記事簿"內有乾坤"，當他返報社讀報，讀雜誌（多數是英文雜誌），發覺有什麼重要新聞和某某政要有什麼言論發表，他會立刻撮要的記錄下來。他寫社論或其他稿件需要找資料時，他便翻開記事簿。顯然，這就是他的"活動資料室"。

羅吟圃的寫作態度很認真，他寫一編社論，往往會花上三兩個小時，字斟句酌，非常認真。不過，"慢工出細貨"，他寫的社論，常有令人擊節稱賞的內容，尤其是對國際問題的分析，所以擁有不少讀者。

在各國元首或閣揆就職之前，羅氏會先行探討寫他們未來的施政方針，而其文內容又往往會跟他們就職時所發表的要點吻合。這無他，主要原因是羅吟圃平時注意研究國際問題，再加上他的精密思考而擅於歸納而已。其實，他有做國家元首機要秘書（俗語所謂"文膽"）之才。

《中南日報》出版了幾年，銷路本來不錯，後來有人提議為了增加銷路，倒不如將售價從一毫改為半毫。結果，《中南日報》銷路果然多了許多，可惜報紙紙價卻貴了，而廣告又不如理想。這時，該報想改收一毫又怕有影響，終於只好結束營業。

五十年代中期，羅吟圃一度出任《中聲晚報》總編輯。七十年代初，他携眷移民美國，定居羅省，專心翻譯著書。

香港熟知中國新聞事業的人，對於鄒韜奮這個名字，總不會感到陌生。他是上海著名文化人，三十年代在上海出版了《生活》周刊，非常暢銷。後來，他和沈鈞儒、李公樸、章乃器、王造時、史良、沙千里六位常常發表反對國民黨政府的言論，並組織"救國會"，結果被拘於蘇州高等法院看守所。

這事發生在 1937 年 8 月 13 日，日軍侵我上海之前，曾經轟動全國，有的人稱他們為"七君子"。稍後，他們獲釋。

"八一三"上海戰事爆發後，鄒韜奮由滬來港。這個時候，內地文化人來港的也很多，胡政之親自來港出版《大公報》，成舍我也由上海來港出版《立報》，國際問題專家羅吟圃也啣孔祥熙之命來港出版《星報》。

在三十年代，香港小報很流行，許多報人籌得三幾百元，便出版"小報"，當然，倘能請得名流殷商擔保，便可免繳交三千元保證金。同時，也不租用社址，多以自己住宅作編輯部，每天在固定時間往茶樓飲茶，其他作者也依時前往交稿，或逕送編輯家中，編輯把稿編好後，再交往承接排印的地方去。如果業務有起色，便繼續辦下去，否則就停刊。這是一小部分辦"小報"報人出版報紙的情形。

鄒韜奮來港後，以《生活》周刊過去暢銷海內外，如果在香港出版《生活日報》，應該是有信心的。但

"八一三"戰事爆發後，上海報人紛紛來香港辦報。圖為國際問題專家羅吟圃創辦的《星報》。

上海著名文化人鄒韜奮在香港創辦的《生活日報》

這時"阮囊羞澀"，那裏來這筆辦報的大本錢。後來，他心生一計，實行登報招股。因為，既然《生活》周刊辦得成功，深得讀者擁護，如果招股辦報，一定會獲得人們踴躍贊助。因此，他於 1936 年 5 月在各報刊登了一段"生活日報招股"廣告。

在 1842 年香港開埠以來的一百五十多年中，不知出版過多少報紙，而招股集資出版報紙是常見之事，但公開登報招股辦報，尚屬破天荒。從這一件事觀之，也可見鄒韜奮的精神魄力，有些事確是能人所不能。

不久他又出版了《大眾生活》[2]，該刊由鄒氏主編，設有編輯委員，成員有沈雁冰、夏衍、千家駒、沈志遠、金仲華和胡繩。

《大眾生活》由 1941 年 5 月 1 日復刊，直至 12 月 6 日，只出版了三十二期，便遇到了太平洋戰爭，日軍於是年 12 月 8 日上午七時許，偷襲啟德機場，同時進攻新加坡、馬來亞和珍珠港。而香港亦漫天烽火，抗日志士紛紛轉移。

當年，鄒韜奮等"七君子"是以力主抗日而成為新聞人物，今也，日軍進攻香港了，同時他也估計到

2　編者註：《大眾生活》是一份綜合性的政論刊物，逢周六出版，實則為《生活》周刊的續編，亦係重慶《全民抗戰》之再版，每期平均銷數在十萬冊左右。

香港勢必淪陷，屆時，自己必成為被捕被殺目標。這時，鄒韜奮已患肺病，而且病情很重，他知道不能坐以待斃，因此冒險離港，經過千辛萬苦，才安抵上海。

上海雖於 1937 年 11 月底淪陷，但還有租界，可以暫時隱蔽。據說：他喬裝抵上海租界後，即憑相熟者安排入住醫院。但也不敢常住醫院，因為生怕時間久了，會被日偽的特務知道而遭毒手，所以時常遷居躲避。

這種闖蕩生活，一直持續了幾年，他的身體本來不好，再經奔波勞頓，1944 年 7 月 24 日他終於在上海病逝了。

《星島晚報》以"搶手新聞"風行

　　《星島日報》於 1938 年 8 月 1 日創刊，同年 8 月 13 日《星島晚報》也隨之出版（1941 年 12 月香港淪陷，《星島日報》及《星島晚報》曾一度停刊。直到 1945 年 8 月 13 日，兩報才先後復辦）。

　　《星島晚報》首創下午四時出版。由於這是晚報的創舉，當時的讀者沒有這種讀報的習慣，同時報販賣完日報、午報之後，也要休息，所以到了《星島晚報》出版時，報販比賣日報、午報時少了許多。《星島晚報》在戰後復版，經唐碧川、酈蔭泉全力以赴，雖然日有起色，但進展仍慢。

　　長年以來，唐酈兩君下班後，只到附近酒樓飲茶，以便有大新聞發生時可以返回編輯部"改版"，這種敬業精神，是難能可貴的。

　　《星島晚報》出版數十年來，以副刊及新聞報導，至為讀者稱讚。1948 年 1 月 16 日，廣州各界抗議香港政府"屠殺九龍城同胞"，舉行示威大巡行，其後有大批羣眾，走進沙面去焚燒英國領事館。事件鬧大，情況惡劣，震驚港穗。而《星島晚報》處理這宗新聞，卻以破天荒的手法來處理，獲致讀者和同業一致喝彩。在未談《星島晚報》的"搶手新聞"之前，且先略述這次焚燒沙面領事館經過：

事緣當年有穿着制服的人進入九龍城寨拘人，並發生了開槍事件。廣州各界同胞聞訊，大表憤慨，認為九龍城寨係我國地方，香港英國政府當局無理闖入係侵犯我國主權。因此全市大、中學生及各社團人等共四萬餘人，在中山紀念堂前舉行聲援大會。

大會之後，跟着便遊行，不料在巡行至豐寧路西瓜圍散隊時，突然有一千餘人，聯袂前往沙面，並立即包圍英國領事館。最初，有些青年在領事館前演講，怎知道先前已離去的羣眾，知道有人包圍沙面英國領事館，於是又立即趕往。不久，這裏很快便聚集了數千人，而且羣情洶湧。

結果，英國領事館突然起火，事態便更加嚴重了。因為領事館內有許多英國人，要是在這個時候逃出，勢必遭示威羣眾毆打。不走吧，又怕會被燒死。

這時候，廣州市長歐陽駒聞訊，立即驅車前往沙面，指揮警員維持秩序，以免事體擴大。但是，那時羣眾越聚越多，不只把英國領事館團團包圍，甚至連整個沙面也擠得水洩不通。

當時的情形非常混亂，有人大呼："打他！打他！！"跟着，那人便被羣眾包圍。原來，被人喝打的人，是一個小個子，唇間留有小鬍子，膚色黝黑的三十餘歲男子，這個人的樣貌，有點像外國人，而一般中國人對外國人，看來都是差不多，說他是英國人也似，說他是美國人、加拿大人、法國人也似。

在這種混亂場合中，羣眾發現有這麼一個人，便以為他是英國人，而且是英國領事館的英國人。此時，在混亂中有人喝打，真是"一呼百應"，羣眾紛紛衝上前去，正想揮拳或饗以巨靈之掌時，被到場採訪的記者見了，忙跑上前，以身遮擋，保護着那個男子，說："我是××報的記者，他是我們的同業，是《大光報》的記者鄧錦輝。……"

這時，在沙面採訪的記者，也紛紛跑來，經他們證實鄧錦輝是中國人，是《大光報》記者，憤怒的羣情才告平靜。後來，部分記者還護送鄧錦輝離開沙面，以免再發生誤會而招致不幸。

在這個時候，沙面上空有一架直升飛機頻頻低飛監視。在過去，廣州有什麼事件，絕少見有直升機出動的。不過，廣州人見慣了飛機，加上在如此環境下，對直升機的巡察，當然不以為意。

原來，《星島晚報》的總編輯唐碧川與編輯主任鄺蔭泉知道了廣州發生火燒英國領事館的事件，馬上通知駐穗記者，僱用直升機採訪，並將大量新聞圖片火速寄港發表。

當日，《星島晚報》出版稍遲，但該報卻以第一版刊載了廣州市民焚燒沙面英國領事館的新聞及照片，此舉馬上轟動全港。因為香港那時只有一個香港電台，而且不像今日那樣，一天之內作幾番新聞廣播，加上昔日香港擁有收音機的人家不多。《星島晚報》能以最快時間報導這則突發新聞，故當日的銷路大增。

《星島晚報》銷路由最初的一萬份，後來增至十五六萬份，可以說，該報之暢銷及獲得讀者讚好、喝彩，是由這次迅速報導 "廣州市民焚燒沙面英國領事館" 開始的。因為自此之後，該報銷路即直綫上升，數十年來，始終能雄踞晚報銷紙的首席地位。

當然，《星島晚報》接着還有許多 "搶手新聞"，例如國民黨軍隊在海南島撤退的消息，也是由該報首先報導的。

1949 年 10 月 1 日中華人民共和國在北京宣告成立。是月，廣州也日益緊張，代總統李宗仁離穗飛桂，到了十四日，廣州綏靖主任余漢謀、廣東省府主席薛岳、廣州市長李揚敬、廣州警備司令李及蘭在黃埔登輪前往海南。

是日下午兩點多鐘，由廣州開往香港的江南快車成為 "最後班車"。

午夜十二時，由廣州開出的武穴輪也成為 "最後班輪"。

10 月 15 日清晨，中華北路（俗稱四牌樓）居民一覺起來，窗前外望，已看見解放軍入城。

薛岳到了海南島後，於 1950 年元旦，就任海南島防備司令部總司令，在海南的國民黨軍隊，均受其指揮。

這時，在廣東南部的解放軍常常以"船海戰術"進攻海南島，而一向在五指山活動的馮白駒部，也配合攻擊，這樣一來，薛岳的軍隊在海南島兩面受敵，而解放軍先後十次作"船海戰術"進攻，戰況十分激烈。

在 1950 年 1 月間，海南島戰事激烈，但對實際情況，各方均不瞭解。這時，香港右派報紙，鑒於中共海軍實力不強，只用機動船隻載軍渡海進攻，加上以為坐鎮海南者為抗戰期間取得三次長沙大捷，力挫日寇的薛岳，因此對海南島局勢不以為意。在這個時侯，對海南島的確實消息，香港人頗感含糊。到了是年 4 月 1 日上午十一時許，《星島晚報》編輯主任鄺蔭泉特親自打長途電話到海口市《大光報》海南分社主任，探問當地實際情況，該主任說："現在海南情況危急，本報今日也準備撤退了。……"

戰時鄺蔭泉在廣西《掃蕩報》主編電訊，對戰事新聞甚為瞭解，聽了《大光報》海南分社主任這樣說，知海南大勢已去，於是《星島晚報》在當日刊出了"海南國軍準備撤退"的新聞。當時，許多人還不相信，但過了兩天，這消息終得證實。而《星島晚報》這一則"獨有新聞"，其價值比搶先報導火燒沙面英國領事館的消息更有價值呢，從而使該報再進一步獲得讀者重視。

國民黨在香港辦的報紙

　　國民黨人在香港辦報，其犖犖大者有陳炯明出資，由陳秋霖主持的《中國新聞報》，後來該報在一夜之間易幟，由擁陳炯明而變為反陳炯明。陳秋霖返穗後，出任國民黨監察委員。1925 年 8 月 20 日，他與廖仲愷在廣州同車返中央黨部，下車時被人開槍射殺。此外，還有：

　　汪精衛於 1930 年出資，由林柏生主持的《南華日報》。

　　胡漢民於 1932 年出資，由馮康侯主持的《中興報》。

　　陳銘樞於 1934 年出資，由任大任（即任畢明）主持的《大眾報》。

　　至於真正由國民黨中央黨部出資在香港開辦的報紙，相信以《國民日報》為第一家。

　　1937 年 7 月 7 日抗戰聖火燃起，中國實行與日敵作持久戰爭，非到取得最後勝利不可。

　　到了 1938 年 10 月 21 日，日敵在大亞灣登陸，直撲廣州。其時，粵省主席為吳鐵城，廣州市長為曾養甫，十二集團軍總司令為余漢謀。

　　廣州既失，吳鐵城率省府遷粵北連縣。翌年元旦，粵省府改組，由李漢魂出任主席。吳鐵城則西上重慶，返中央黨部服務，出任海外部長。吳鐵城是中山縣人，在廣州任職甚久，他有見香港地位重要，可作為對海外宣傳的前哨，特倡議在港辦報，以加強抗戰宣傳。結果，由政府撥款創辦《國民日報》，並定陶百川為社長。

陶百川奉命後，即加緊計劃。行前，並與國民黨總裁、軍事委員會委員長蔣介石見面，蔣氏問陶百川："你到香港辦報，計劃怎樣辦呢？"陶百川說："新聞力求確、速；言論力求公、直；小品力求趣、實、潔；闢邪說，增益民智，團結人心，以求抗戰之成功。"

蔣氏聽了，即行嘉勉一番。不久，陶百川便從重慶來港籌辦《國民日報》，社址設於中環擺花街二十五號。

該報總編輯為何西雅（上海人），經理為黃祖耀（即畫家黃苗子，其父為香港教育家黃冷觀），籌備一個時期後，於 1939 年 6 月 6 日出版。

當時香港大小報紙有三十餘份，著名的有《華字日報》、《循環日報》、《華僑日報》、《工商日報》及《星島日報》等，所以，《國民日報》在這個時候出版，在業務競爭上是相當吃力的。幸而這時香港人口，因為上海、南京、廣州、漢口之相繼棄守，已由一百萬人而增至一百七十萬人，其中包括不少外省籍人士，所以該報在香港有不錯的銷路。

《國民日報》在 1941 年 12 月 8 日，香港淪陷前才停版。除了社長陶百川和一些人員前往重慶之外，有些則前往廣東戰時省會韶關。

1945 年 8 月 15 日，日軍宣佈投降，《國民日報》很快便在香港恢復出版。

《國民日報》戰後第一任社長是張湖生，主筆是黎晉偉，總編輯是黃伯飛，電訊編輯是陳子龍、何少松，港聞編輯是莫輝宗。

莫輝宗於《工商日報》在戰後復版時，即轉入該報主編港聞，不幸於 1984 年 7 月下旬去世（7 月 25 日在香港殯儀館舉行安息禮拜）。

何少松後來也離開《國民日報》而轉職《工商日報》。1972 年加入《星島晚報》後，直至 1985 年才退休。

陳子龍一直在《國民日報》服務，後來加入《香港時報》主編港聞。1960 年任《快報》編輯主任。1984 年轉入《成報》工作。

《國民日報》主筆黎晉偉在 1947 年間轉任廣州《廣東日報》（該報前身是《中山日報》，社長是張北海）主筆。後來宋子文任廣東省府主席，《廣東日報》改名為《中央日報》，黎仍任該報主筆。

上述各位，都是香港的資深報人。

《國民日報》復版時，適逢戰後初期，香港人口只

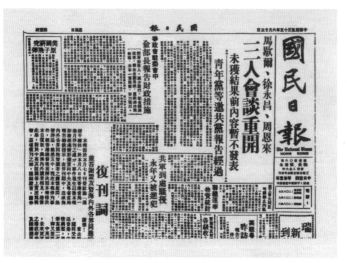

《國民日報》係國民黨中央黨部在香港創辦的首份報紙

有五十餘萬，市面甚為蕭條。初時，香港與廣州，及香港與澳門之間的水上交通，只賴機動帆船來往，直到 1945 年 11 月 15 日廣九鐵路恢復通車，返港的人才逐漸多了。

但是，那時海外交通尚未暢通，貨物來源仍短缺，其中尤以報紙紙張為甚，香港的報社每日須靠配給紙張。因為有這種的限制，所以報紙的銷路就難以再增加了。

張湖生任《國民日報》社長不夠一年，便改由潘公弼出任社長，原來的總編輯黃伯飛也轉往美國，後來出任耶魯大學教授。

抗戰前，廣州有許多報紙，著名者有《國華報》

（並非戰後由曾威創辦的同名報紙）、《越華報》、《現象報》、《公評報》、《七十二行商報》、《共和報》、《大中報》、《中山日報》、《環球報》、《市民日報》、《誠報》、《大華晚報》、《新國華報》等。

上述報紙的社長、總編輯、編輯等，雖然大多數已作古，但也為香港老一輩的讀者所知。例如：《中山日報》的胡春冰，《市民日報》的總編輯李素（健白），《誠報》的劉衡仲，《公評報》的黃深明，《越華報》的老闆陳柱亭及其子陳式銳，《國華報》的劉蔭蓀，《七十二行商報》的老闆羅子政、總編輯陳霞子，《共和報》老闆宋季緝、編輯宋郁文等。

廣州陷敵後，許多報人都遠走他方，老的返鄉或來港，壯的則入內地或來港另謀生計。戰前廣州大小報紙有數十份，但遷港出版的僅有一份《國華報》。該報為劉蔭蓀所創辦。

劉蔭蓀是一位商人，以經營礦產致富，且有意發揚粵劇，又屢任省港名班班主。作為班主，當然是家財萬貫，因為薛覺先、馬師曾、千里駒、白駒榮等老倌，在三十年代的年薪輒達萬元或六七千元。要組成一個大型班，先要準備該年之薪金，所以那個時候，做省港粵劇班主者，皆富有之人也。劉蔭蓀，就是戰前廣州著名的"班主"。

戰前廣州大小報社有數十間，而且社址多集中在第八甫，亦即後來的光復中路，所以第八甫亦可稱為

"報紙街"。

戰後廣州的著名報社均集中在光復中路，計有《中山日報》（後來改名為《廣州日報》、《中央日報》）、《西南日報》、《現象報》、《七十二行商報》、《前鋒日報》、《越華報》、《國華報》、《大光報》、《環球報》、《公評報》、《建國日報》等。

戰前及戰後，除了《國華報》及《星粵報》的社址是照報館圖則建築之外，其餘都是租用或自置大店舖作為社址。

胡文虎先生辦的《星粵報》，位於長堤愛羣酒店及程璧光紀念銅像附近，是一座建築宏偉，為全市報社社址之冠的星粵報大樓，可惜準備出版時，抗戰發生，廣州局勢吃緊，所以未有出版。因此，戰前戰後廣州出版的報紙，依照報館圖則而建築報社者，只有《國華報》一間而已。

《國華報》社址不僅依報社所需要的地方而建築，而且還買了一架滾筒機。這種印刷機，在戰前廣州各報中，可以說是絕無僅有的精良機種。至於其他各報，則多仍用平版機印刷而已。

1938 年 10 月 21 日廣州失陷前，《國華報》社長劉蔭蓀已將滾筒機及部分印刷器材運港。本來，他是一位富商，大有資格在香港做其寓公。而且年近六十，在一般人來說，進取心、事業心已較淡薄了。但是，劉氏卻不然。他雖然年近花甲，但精神奕奕，而且上進心很強，他覺得香港是舉世矚目的地方，居民也有一百六七十萬（香港原有居民一百萬，但自平津京滬廣州漢口相繼淪陷後，難民紛紛逃來，所以人口也增至一百六七十萬），為了鼓吹抗戰，也為了《國華報》的前途着想，所以他決定將《國華報》遷往香港出版。

這時，外地報紙來港出版的情況也頗熱鬧，計有胡政之主持的《大公報》、成舍我主持的《立報》、羅吟圃主持的《星報》和鄒韜奮主持的《生活日報》。至於《國華報》在港出版的時間，大約是 1939 年春。

劉蔭蓀雖以經營礦務起家，搞粵劇班身任班主著名，但對辦報卻有極大興趣。他辦報的宗旨，是既不唱高調，也不唱低調。《國華報》側重新聞與副刊，但絕不低級，更絕不黃色。再加以該報印刷精美，所以在廣州出版時大受歡迎。

劉氏以同樣手法在港出版《國華報》，其後又出版《國華晚報》，但由於種種關係，銷路與廣告都未如理想。他是以個人的力量來出版《國華報》，加以國難日亟，烽火連天，避秦的日子不知拖到何時？正是前路茫茫，生怕再拖下去，經濟會有問題，所以《國華報》出版沒有多長時間便告停刊了。不過，姑勿論怎樣，他那報人報國的精神是值得令人敬仰的。

到了 1945 年 8 月 15 日，日本無條件投降，他很快便又返回廣州，立即籌備《國華報》復刊。

為了充實副刊，劉蔭蓀特地親自跑來香港"買稿"，力邀任護花、靈簫生等撰寫小說，並約香港、廣州名家執筆。1946 年《國華報》終於在穗復刊。戰前該報總編輯為容春勉，戰後則為馮典丞。

這時劉蔭蓀已年近古稀了，不過他的精神還很旺盛，每晚很早便返編輯部。他的辦公桌對正門口，凡編輯、記者上班、下班，他都能一望無遺，而他又往往辦公至午夜後才走。原來，他每日都替自己注射"蓋世為雄"，從不間斷，這種針藥可提神健腎。所以老友也以"蓋世為雄"稱他。

1949 年 10 月，劉氏挈眷由穗來港，寓於銅鑼灣道。五十年代去世，享年七十餘歲。其子為音樂名家，所撰歌曲，至受歡迎。

《新生晚報》、《真報》與《中南日報》

　　從 1945 年 8 月 30 日香港重光，至 1988 年的四十三年間，香港新聞界人事上已有很大的變遷。就以《新生日報》、《新生晚報》來說，堪稱為歷盡滄桑。目前，它們已停刊多年，且有許多報人先後去世！

　　香港重光之初，柳國雄與黎蒙曾經合作出版《新生日報》。柳國雄是香港一位資深報人，這次"東山復出"，可以說是順理成章之事，因為做報人，對此發生興趣後，一旦賦閒，便有髀肉復生之感。所以柳國雄在香港重光後，見各報紛紛出版，便有重整旗鼓之意。而黎蒙在戰前曾任《珠江日報》社長，兩人合作，正是天衣無縫。後來，柳國雄忽然退出，黎蒙乃將《新生日報》改為《新生晚報》。

　　香港報人和社會人士，都知道戰前的《珠江日報》是桂系報紙。桂系主要人物有李宗仁、白崇禧、黃旭初，之前還有一位黃紹竑（也有人誤寫為黃紹雄）。是否由他們同意撥款辦《珠江日報》？外人不知道，也無謂去查。不過，黎蒙跟李宗仁的關係很深則是事實。

　　黎蒙的父親是廣西富人，李宗仁還在當排長時，黎蒙的父親便曾經幫助過他。到李宗仁飛黃騰達後，便資助黎蒙到外國讀書，迄學成回桂，又予他職業。

三十年代，黎蒙便來香港創辦《珠江日報》。

　　1941 年 12 月 25 日，香港淪陷後，黎蒙返廣西，出任《廣西日報》社長，直到抗戰勝利，再度來港，創辦《新生晚報》。不料在該報業務鼎盛時，黎蒙突然將《新生晚報》的股權轉讓予人，後由張獻勵（亨利）任社長，也引致該報人事變動，而陸海安、陳秀蘭等人也離開該報。時在五十年代初期。

　　黎蒙離開《新生晚報》後，曾赴新加坡任某報顧問，又先後到寮國辦《永珍日報》，及在越南西貢辦報。後來返港，心力交瘁，在港病逝，享年僅六十二歲。

　　《新生晚報》在戰後出版，是一份午報，每天在正午十二時左右發行。該報在最鼎盛的時候，每天中午一點鐘，寫字樓下班時，白領階級、老闆階級，離開辦公地方到街外，便買一份《新生晚報》，拿到酒家茶樓去，邊食邊讀。

　　那時候，《新生晚報》可以說是人才濟濟。計有陸海安、梁寬（即梁厚甫）、高雄（三蘇）、陳琦、劉捷（後任《紐約時報》特派員）、區睛（名漫畫家、筆名丁岡），採訪部有劉國鈞、劉華禹、熊侶文、衛炳垣、衛乃昌、陳秀蘭、黎慧莊、張覺可及程寶琦等。

　　上述各報人中，論資歷當以梁寬和陳琦最深。梁寬在 1941 年 12 月 8 日日軍侵港前，已是《工商日報》的總編輯。單看這一個資歷，便可以知道他在報林中服務過多少時候了，而高雄的名聲在戰後香港才告雀起，陸海安則是《澳門時報》創辦人陸翼南的後人。若論年齡，當然也以梁寬、陳琦為最長。

六十年代初，我曾經與梁寬談起戰時廣東省衛生處長、戰後廣州衛生局長黃雯（戰後黃雯身兼上述處長和局長）。梁寬對我說："我是黃雯的學生！"我說："你是嶺南大學醫學院學生？"梁寬說："正是……不過，我沒有讀到畢業。"

梁寬，諢號"大頭寬"，他的個子不高，但頭部特大，不識面相的人都知道這是個足智多謀的人，而他又為人詼諧，好開玩笑。

且說一個笑話：一日，梁寬正在《新生晚報》社，突然取出一件家庭用的新出品，自言自語的說："這件新出品，價廉物美……。"那時，高雄正在埋頭寫《經紀拉日記》，聽聞梁寬這話，抬頭一看，覺得這物件確很新穎，於是問售價多少，梁寬說："很平宜，不過十餘塊錢而已……。"高雄又問哪裏可以買到，梁寬說："如果你喜歡，我把它讓給你，待我再買過。"並說出出售地點。

高雄立刻付款，寫完稿後，拿着新出品去飲下午茶，同座的女士見了這新產品，都非常喜愛，紛紛付款給高雄請他代購，高雄抱着"助人為快樂之本"宗旨，一一答應，第二天便按址去買，怎知這新出品，比梁寬所說的價錢貴三分一有多，高雄於是要被迫自掏腰包代購了。第二天回到編輯部，高雄便指梁寬"靠害"。從這個例子，足見梁寬往往喜歡和朋友開玩笑。

黎蒙在香港新聞界中，人緣很好，社內員工對他印象不錯。《新生晚報》內部人材濟濟，陸海安在香港新聞界冒起，固然是由於他的努力所致，但得黎蒙賞識，予他以發揮機會，也是一個因素。

陸海安本名萬能，又名寧，生於澳門，可以說是報壇世家，他的祖父和父親都在澳門新聞界服務。到了 1945 年 8 月 15 日日本無條件投降，那時候陸海安只有二十二歲，適逢有人在廣州辦《中美晚報》，陸氏便加入該報任翻譯工作。

記得是年 10 月 9 日，我從大後方返到廣州，除了在廣州淪陷時出版的報紙仍繼續出版之外，還有宋郁文、王甘良、黎健生（排字房領班）很快便出版了《大光報》。另外，還有毛子明、余華出版了《西南日報》。而《中美晚報》也是在廣州光復後不久出版的。

當第二方面軍總司令張發奎由柳州抵廣州，出任廣州行營主任時，莫與碩的肅奸委員會也成立。該會決定對於沒領內政部登記證的報紙，一律禁止出版，並追究在廣州淪陷時期的報紙。在這種情況下，那些沒有內政部登記證的報紙都紛紛自動停版。

《中美晚報》是沒有內政部登記證的，所以也停版了。而陸海安後來亦到了香港發展。

前面曾提及黎蒙賞識陸海安，其實是有根據的。

陸海安在香港新聞界冒起，是由於他在《新生晚報》撰寫"新聞說明"。

到了1950年6月25日韓戰爆發，北韓部隊越過三八綫，再迫漢城，直指釜山。到了這個時候，南韓與聯合國部隊再無地方可退了，要退嗎，就只有退到濟洲島，但是南韓和聯合國部隊有足夠的運輸艦撤退嗎？就算有，值得嗎？還有退到濟洲便再無路可退了。

在這種情形之下，南韓實在不可能退。

陸海安在《新生晚報》"新聞說明"中指出：聯合國軍統帥麥克阿瑟會反攻，而且亦會在仁川登陸。

到了是年9月15日，聯合國軍果然在仁川登陸，一口氣把北韓軍迫出漢城，到了10月25日，朝鮮半島戰況激烈，結果，這場人海、火海的大戰，到了1953年7月27日終告結束，歷時達三年零一個月。

由於韓戰爆發期間，香港受禁運影響。因此，香港人對於韓戰異常關心。香港各報雖也有社論，專欄談韓戰問題，但大多是洋洋千言。一般讀者又怕讀長稿，而陸海安的"新聞說明"，則是分段的，每寫百餘字，又有分題，這種寫法，容易使讀者接受。加以他的推斷準確，更受讀者歡迎，尤其是聯合國軍後來果然在仁川登陸，盡受讀者稱道。於是，陸海安之名亦隨之大行其道了。

在黎蒙任《新生晚報》社長時，該報人材鼎盛，健筆如林，如梁寬、高雄、陳琦等便是。何以黎蒙不差使他們執筆撰文分析時事？竟由在該報初任記者，繼任採訪主任的陸寧（海安）來寫"新聞說明"。

我沒有問過黎蒙為何會委予陸海安此一重任，但照我推測，可能由於黎蒙覺得陸海安這個人好學不倦，文筆不錯，加以儀表不凡，很有向上心。同時也可能梁寬、高雄、陳琦已有名氣，為了栽培後進，則以特請陸海安執筆寫"新聞說明"亦未可料。

陸寧把這一欄言名為"新聞說明"，署名"陸海安"。從此之後，人們只知有陸海安，對於他的真名，反而不知了。可以說，陸海安之成名，在新聞界冒起始於《新生晚報》的"新聞說明"。以後他便憑學識和經驗去進一步奠定自己在新聞界的地位了。

1950 年至 1952 年，是陸海安"文名遠播"的時期。

只可惜，在陸海安聲譽日隆的時候，《新生晚報》社長黎蒙卻離開該報，由張獻勵（亨利）繼任空缺，時為 1954 年左右。

張獻勵是上海人，在一間外資廣告公司服務。

張獻勵接掌《新生晚報》後，陸海安也離職了，跟他一齊離開《新生晚報》的還有採訪主任熊侶文，記者陳秀蘭、衛炳垣、陳志誠。

他們五位離開《新生晚報》時，曾聯名刊登廣告，說明離開《新生晚報》，另籌辦《真報》。這段廣告，曾引起社會人士，尤其是新聞界注意。

大家都以為：如果《真報》出版，一定會是午報，同時，一定有陸海安的“新聞說明”。一來，陸氏的“新聞說明”有讀者，可以把過去他的讀者“拉”到《真報》這邊。其次，能與《新生晚報》競一日之短長，還以顏色。

這是一般讀書人的心態，然而也是一種正常的心態。不過，在那個年代，報業競爭很激烈。午報有《華僑晚報》、《工商晚報》、《新生晚報》；下午四時出版的有《星島晚報》、《中聲晚報》、《新晚報》，可以說，這好幾份午報、晚報都有銷路基礎。今《真報》出版，要面對的勁敵繁多。幸好陸海安、陳秀蘭、熊侶文、衛炳垣、陳志誠都是新聞界好手，又年輕力強，足以衝鋒陷陣。

他們創辦《真報》，可以說是“出世合時”。原來，那時陳秀蘭剛好是六合公司的新股東，而六合公司擁有一部新滾筒機，專門承印報紙。《真報》的印刷問題，自然可以迎刃而解。

提起六合公司，在寫香港、廣州報壇掌故中，是不能不提的。且說六合公司是由廣州六位報人組成，他們是《大光報》總經理陸慧生，《建國日報》社長李育培和總經理李少穆，《七十二行商報》總經理梁善文，《中正日報》前社長周康爕，《廣州日報》社長張希哲等六人所組成。

最初，他們組織六合公司，主要是經營洋紙生意，同時還向上海訂購了一部滾筒機。到該機運抵香港時，恰逢中國內戰爆發，他們便委託陸慧生在港將該部印機存在貨倉裏。到了 1949 年 10 月 15 日，廣州易幟，李育培、李少穆、梁善文、周康爕都來了香港，而張希哲則去了台灣。

到了後來，他們覺得把這台簇新的印機長期存倉不是辦法，恰巧歌賦街《循環日報》原址丟空了，各股東於是和《循環日報》執事協商，租借了該處地牢，把新印機安裝在那裏，並籌備出版《中南日報》。

其後，因李育培移民美國，願意將六合公司的股份出讓。結果，由陳秀蘭買下。陳小姐是富家女，那時只有二十餘歲，仍待字閨中，她事業心很重，而且對新聞事業極感興趣，所以取了一筆錢買了李育培的股份，而成為六合公司的六東之一。

也因為這種方便，《真報》的印刷問題便迎刃而解，我說《真報》"出世合時" 就是這個道理。

在《真報》出版前，大家以為它將是一份午報，且會與《新生晚報》硬碰。不過，午報賣紙的時間很短，前前後後不夠兩小時，通常在正午十二點出紙，賣到兩點鐘便很少人問津了。陸海安對此情形，當然最清楚。結果，《真報》定實於下午四時出紙，也即是與《星島晚報》、《中聲晚報》、《新晚報》硬碰了。

那陣子，《星島晚報》、《中聲晚報》和《新晚報》都是每日出紙一大張，到《真報》出版那一天，《星島

儘管"出世合時"，但《真報》甫問世即遇上不少競爭對手。

晚報》因為廣告多了，便改為出紙兩大張。接着，工展會開幕，廣告更多了，因此有時更會出紙三張。《真報》出版了幾天，便改在中午出版，與《新生晚報》、《華僑晚報》及《工商晚報》"短兵相接"了。

至於由六合公司籌辦的《中南日報》，也是在當時出版的。《中南日報》可以說是集中了廣州報人之精英，主要人員計為：社長陳錫餘（前《大光報》社長），副社長梁風（前《粵華報》負責人，上海《申報》駐廣州特派員），總編輯嚴南方（前《越華報》總編輯），總經理梁善文（前《七十二行商報》總經理），經理李少穆（前《建國日報》總經理），秘書周康燊（前

《中正日報》副社長），採訪主任蕭麟（前《七十二行商報》總編輯），另聘政論家羅吟圃為總主筆（羅氏為香港戰前《星報》社長）。

該報籌備多時，終於擇定德輔道中某號三樓為社址。約在 1953 年 7 月間出版（是年 6 月 2 日，香港舉行英女皇加冕會景巡遊，社中同寅和親友已在該處看會景，那時，離出版之期不遠了）。

《中南日報》每日出版兩張，內容不錯。但那時的紙價相當昂貴，加上報紙新出版的關係，廣告未能展開，而這時的報紙，主要收入是靠廣告，廣告不好，就算銷紙很多也沒有用。出版了一個長時期後，有"報醫"之稱的李少穆，認為應將該報的一毫售價，改為五仙。這樣一來，該報便會更加暢銷，商人的廣告便會來了。誰知將售價改為五仙後，銷路的確激增，但廣告卻沒有增加，而虧蝕更巨。年餘之後，該報只好轉讓與陳劍科接辦，但不久亦同樣無法經營下去了。

《中聲報》與李菁林

1950 年 6 月韓戰期間，香港有三份在下午四時出版的晚報，它們就是《星島晚報》、《中聲晚報》和《新晚報》。其時，《中聲晚報》也好像"星晚"之有《星島日報》，"新晚"之有《大公報》一樣（《新晚報》與《大公報》是同屬一系統的），也有《中聲日報》。

《中聲晚報》與《中聲日報》同一系統，而《中聲日報》則是由《中聲報》擴展的。

《中聲報》是在 1949 年 7 月間於香港出版，創辦人是李菁林。朋友愛稱他為七哥。

在 1942 年間，李菁林於韶關認識了《中國報》的蔡逢甲、江之南和于紹年等人，大家時常在黃田壩的西綫茶座飲茶。李氏畢業於廣州戰前無綫電學校，為人聰明機智、手段闊綽，《中國報》後來請他幫手，負責經理部的事情。從此，李菁林便正式加入了報界行列。

1944 年 7 月，韶關局勢呈現緊張，日敵有意再犯粵北，企圖一面從廣州北上，一面由湖南南下，分兩路夾攻韶關。同時會師江西贛州，希能打通由廣州至江西九江這一條戰略路綫。日軍這樣做，並不是為了擴大侵略地區，而是藉此預設逃走之路。因為在 1943

年 7 月，英美聯軍在西西里島登陸。意大利政變，繼而向盟軍投降；而德國希特拉的軍隊也兵敗如山倒。日本在此情況下，也預料自己的"死期"不遠，所以在中國地區的日軍紛紛自謀撤退後路。

韶關，就是在這時候緊張起來的，當局也下令居民作好應變準備。

《中國報》同人也明白到韶關為日敵必爭之地。經過會議後，認為西江肇慶比較安全，而且這一帶地方富庶，人口不少，報紙有生存的機會。於是李菁林、江之南、于紹年和其他員工在韶關僱了一艘專船，向肇慶進發。蔡逢甲、南海十三郎則繼續留韶關出版《中國報》，不料船過清遠，李氏等人便聽聞在穗的日軍正進攻肇慶了。

那時侯，高要的肇慶和鶴山的沙坪，時常受到日敵和偽軍侵襲的，經過一番血戰後，有時日本軍隊撤退；有時，我軍和遊擊隊背進。因此，在沙坪和肇慶常見敵我雙方"屢進屢出"，你退我追的迂迴局面。

既然肇慶有戰事，當然不能前去。最後，李菁林等人繞道到了接近梧州和肇慶的封川（今稱封開），而且很快便出版了《中國報》西江版。但可惜好景不常，幾個月後，西江淪陷了。李菁林、于紹年跑到新興縣一位姓黎的同學處，而江之南則轉往中山縣的遊擊區去。

1945 年 8 月 15 日日本無條件投降，他們才分別返回廣州，李菁林且留在廣州負責《中國報》總社開版。

到了 1946 年，蔡逢甲、江之南、于紹年和南海十三郎返廣州轉辦《西南日報》。那時，廣州方型刊物很盛行，宋郁文、陸慧生出版《原子能》，而李菁林、江之南、雷雨田則出版《針報》。廣州無數方型刊物中，就以《原子能》和《針報》最暢銷，不久，《原子能》結束，宋郁文和陸慧生改出《天行報》，於是《針報》便更暢銷了。

談起《針報》，不能不提雷雨田，不能不提他所繪的《烏龍王》漫畫。而雷雨田與《針報》的關係，始自香港《中國報》。1945 年香港重光後，《中國報》在香港出版，事前曾登報徵聘記者。那時雷雨田居於澳門，他見報後，即寫信應徵。但他聲明自己長於漫畫，並將他的近作寄到報社。蔡逢甲、江之南、于紹年等看了，認為繪得很好，便覆信給雷雨田，叫他到港。自此，雷雨田便加入《中國報》工作。翌年，他也和蔡逢甲、江之南、于紹年等人返回廣州和加入《針報》。

《針報》是由李菁林創辦，江之南主編；而《針報》最受人歡迎的，除了內幕新聞外，就是雷雨田繪的《烏龍王》漫畫。這版漫畫，是以連環形式，每期佔了很多篇幅。

《針報》是十六開本，即像一般雜誌那樣大，每期有三十多頁，每頁有七條字，而《烏龍王》漫畫佔了兩條字。換言之，除了第一版外，其餘每頁都有《烏龍王》漫畫，也即是說，《烏龍王》佔了《針報》七分之二的篇幅。可以說，漫畫佔篇幅如是之多，除了正式的漫畫讀物之外，在省港雜誌中，可以說是一項創舉。

雷雨田的漫畫，以現實情況作題材。內容非常深入，既富趣味性，又有諷刺性。在香港光復初期，社會百態中不乏糊裏糊塗的人和事，而《烏龍王》漫畫集中了這個焦點，以漫畫化披露，所以極獲歡迎。《烏龍王》漫畫中，除有主角烏龍王外，還有蓮蓉騷、何必笑、尖嘴茂及佐治張等角色。

《針報》風行一時，每期銷過萬本。《烏龍王》漫畫後來出版的單行本，每期更銷逾十萬冊。同時更被改編拍成電影。1952 年，亞洲出版社也請雷雨田繪了許多本《烏龍王》漫畫。

《針報》除暢銷廣州外，還風行香港。後來，為應讀者需求改為雙日刊。不久，李菁林更與新興縣那位姓黎的同學（抗戰時西江淪陷後，李菁林與于紹年離開封川跑到新興縣，就是住在那位姓黎的同學處）合辦《珠江報》，該報也是雙日刊，於是李菁林便等於每日出版一本方型刊物。

《珠江報》雖然沒有《針報》那樣暢銷，但由於是姊妹報關係，也很受讀者歡迎。

到了 1949 年 5 月間，大陸局勢日益緊張，李菁林於是動了腦筋和姊夫劉子一到香港籌辦報紙。劉子一過去曾在越南辦報，也是一位名報人。而廣州《針報》和《珠江報》社務，則由江之南打理。

那時，上海局勢同樣緊張，當地富人紛紛南下，因此香港樓價房租急漲，租一間房，往往要"鞋金"數千元，租一層樓，"鞋金"更要過萬。

有一件事，年輕讀者聽了可能咋舌，也可能不相信，原來，李菁林憑友人介紹，在大道中（舊日中央戲院向西再過十餘間舖位）租了一幢樓宇的第三層作為社址，樓宇本身的頂手費固然昂貴不在話下，連一個電話的頂手費，也要一萬元，你說驚人不驚人？那時酒樓的點心還是每碟三毫、四毫，接租一個電話竟要一萬元，這不可謂不厲害了。

李菁林籌備就緒，一份新的報紙就要出版了，它就是《中聲報》，該報原是三日刊，也有雷雨田的《烏龍王》漫畫。蓮蓉騷、何必笑、尖嘴茂、佐治張等形象也一齊出現。該報出版後銷路也很好。

兩個月後，廣州也吃緊了，在 10 月 15 日前，已有許多人湧來香港。

由 1949 年 5 月至 10 月 15 日這五個月間，由上海、廣州及各地湧來香港的人，約有六七十萬，也因此，香港的報紙也非常暢銷，由廣州來的報人，也紛紛出版報紙（多是三日刊，雙日刊），而《中聲報》也在這個時候，由三日刊改為兩日刊。在 1950 年元月間，更改為日報，而《中聲報》也變為《中聲日報》了。

第一份彩色報紙《天天日報》

　　今日香港許多報紙都用彩色印刷，美觀悅目，而且還能將新聞現場、人物及商品的“本來面目”，忠實地顯示出來，這在以往香港報紙還處於“黑白世界”的年代裏，是不敢想像的。

　　一直到了 1960 年 11 月 1 日，香港《天天日報》創刊才衝破過去的只有黑白（有時套紅）印刷的沉悶局面，而以彩色印刷開創香港報業之先河。所以，《天天日報》被人譽為“世界第一份彩色日報”。

　　談到這光榮紀錄，便不能不把它歸功於韋基澤先生（一般人都稱他為澤哥。我也從眾，下文也以澤哥稱之）。

　　澤哥之創刊彩色日報，完全是他的創新精神所驅使。其動機是有感由黑白影片，改為彩色影片而起，他獨自沉思：過去的影片，都是黑白的，但現有早已改為彩色製作了，為什麼過去的黑白報紙，至今還是黑白而追不上時代？他在英國留學時，是專攻彩色印刷這一門學科的。於是他埋頭研究，決心要改變這種現狀，將黑白報紙改為彩色報紙。

　　大家知道，黑白報紙只需用黑色油墨，藉平版機或滾筒機印刷一次便成，如果加紅色（報紙的報名或標題，或廣告一些字句多有套紅），倘用平版機則要印兩次，用滾筒機則只須印一次，但彩色報紙便不然了。

彩色印刷，是由紅、藍、黃、黑，這幾種顏色為主，而再變化為七彩。這樣便要靠技師們去 "分色" 了，所以印彩色報紙絕不簡單，需要解決技術上的困難。

但是澤哥有的是 "不信邪" 的毅力，別人做不到的事，他就設法要做到，而且要做得好。他做人處事的宗旨就是 "只求第一，不計成本"。

他的所謂 "只求第一"，並不是說他做人要爭第一，而是他做事要做到最好，他之要創刊世界第一份彩色日報，也是憑着這種精神而達致成功的。

澤哥 "閉門練軍" 多時，終於完成志願，可以印刷彩色日報了，於是他印備了許多樣本，在 1960 年初拿到台北展覽，當地的印刷商人和新聞界見了，都大加讚賞，認為這是中國印刷業的異彩。這些讚譽確實給予澤哥很大的鼓勵，於是返港後，決定創辦彩色日報，它就是 1960 年 11 月在港出版的《天天日報》。

澤哥主持的二天堂印務有限公司，為了要出版《天天日報》，特地向西德訂了兩副平板彩色印刷機。那時香港所有報紙都用滾筒機來印報紙了，為什麼澤哥卻用平板機來印《天天日報》？據說這是有原因的。因為彩色滾筒機的價值不菲，而且它僅適用於印刷報紙，對於印刷商業性的廣告品便不大適用。因此他為了安全起見，特地向西德訂購兩副彩色平板機，用來印製《天天日報》。萬一《天天日報》出版後，銷路未符理想，就算停版，則購進的西德平板彩色印機，也可以作為印刷其他商品，如月曆、商品招紙等。

澤哥是二天堂印務有限公司董事長，也是《天天日報》的董事長，他訂下了《天天日報》的宗旨，除了為大眾市民服務之外，副刊方面，對象是以婦女、兒童為主，後來成為著名漫畫家的嚴以敬，當時就在《天天日報》兒童版繪寫漫畫的，還有，今日許多"社會棟樑"，談起往事，也說當年是《天天日報》兒童版的忠實讀者。

《天天日報》每日出紙兩張，最初出版是售價兩毫，與《星島日報》、《華僑日報》一樣，而其他報紙每份則只售一毫。大約一個星期後，《天天日報》每份也改售一毫，而且銷數激增。

《天天日報》當年之能暢銷，主要原因是印刷美觀，且是全世界第一份彩色報紙。據一位香港報紙廣告權威人士說："《天天日報》出版最成功的地方，就是一出版就有這麼多大公司的廣告，照目前《天天日報》（指 1960 年 11 月）所刊出的廣告，其他報紙出版十年也未必可以做到。"

這確是實情。而《天天日報》之有這麼多"高級廣告"，這光榮並非屬《天天日報》的廣告部，而是澤哥與二天堂印務公司的面子。因為二天堂印務公司

就彩色印刷而言，《天天日報》便已創下驕人紀錄。

的客戶，都是本港一流的大公司，他們以澤哥出版報紙，而且又是世界第一份彩色日報，於是紛紛捧場，所以每日都有巨型（六條字或八條字）彩色廣告刊出，繽紛奪目，非常"養眼"。

澤哥以《天天日報》日有起色，認為彩色日報有前途，於是訂了兩部美國製的彩色滾筒機，1961年初運到啟用，從此《天天日報》便改用彩色滾筒機印刷。據悉，當美國製滾筒機啟用時，當時的港督柏立基還親自到《天天日報》主持按鈕儀式呢。

韋基澤先生創辦《天天日報》時，不過才三十多歲。他的科學常識很豐富，除了在試版時期，親自跑上編輯部（北角渣華道二天堂大廈四樓）對各同事講解彩色報紙原理之外，有次（《天天日報》正式出版後）恰值美國太空人升空，他又特地由家裏趕出來，跑到編輯部對大家說：“對不住，我想阻大家一些時間。”跟着在編輯部的黑板上繪圖，說明太空人升空的原理……。老實說，當年編輯部許多人對於太空人升空的原理，知得很少，經澤哥一說之後，便有了個大概。

澤哥的科學知識很豐富，確是事實，而他生平最愛的就是音樂、體育和科學。

澤哥為什麼會創辦第一份彩色日報？除了前面提到的原因之外，還與他創辦二天堂印務有限公司有關，而創辦二天堂印務有限公司，則又與他的尊翁韋少伯老先生創辦二天堂藥廠有關。

1945 年 8 月 30 日香港重光，韋家由澳門返港，澤哥以二天堂藥廠每年光顧別人印刷招紙，所耗不貲，而且印得又不美觀，何不自己開設一間印刷廠，以免利權外溢，於是跑到英國攻讀印刷學。畢業後，他便回港開設二天堂印務有限公司。

澤哥曾經招收學徒，訓練他們學習彩色印刷。學徒上班，一律穿着黃色工作制服，而澤哥每次授課或入工場，則穿起紅色工作服。他上課時，實行逐一指點教授。而學徒一面學習，一面工作，或印刷，或拼版，或分色。今日那些學徒，多已獨當一面，分別在報界負責彩色印務，或開設印務公司了。

澤哥主持二天堂印務有限公司，守則是交貨依時和盡善盡美。過去香港的印刷公司，最為人所詬病的就是交貨不依時，比方指明一日交貨的，往往到三四日還未能交貨，而且有的還貨不對辦。澤哥做印務，首先要破除這種陋習，訂明什麼時候交貨就依時不誤，一洗過去行內的陋習。同時，他認為尚未盡善盡美的，寧願再印，也不出貨。有一個故事為二天堂同仁所熟知的：一次，有個青年前來求職，澤哥親予接見，並吩咐他："你下星期一上午九時半到這兒來見我。"屆時，那求職者來了，澤哥問他現在是什麼時候，那青年看看手錶，知道比約定時間遲了十五分鐘，就忙解釋說："對不住，我因為搭遲了一班船，所以遲到了。"澤哥說："你出門沒有準備誤車誤船的時間嗎？"結果，那個青年當然沒有被錄用了。於此，可知澤哥對於時間觀念是非常之重視的。

我曾經和許多位印刷業老行尊談過，他們對於澤哥的守時精神，是非常敬佩；同時也承認行內這些不依時的陋習，也因二天堂印務公司的守時而有所改進。

香港的新聞教育

香港第一間新聞教育機構，是名小說家傑克（黃天石）所創辦的"香港新聞學社"。該社於 1927 年創辦，但只辦了兩屆，便於 1931 年結束。

五年後，原新聞學社副社長、《工商日報》副社長關楚璞，又與《循環晚報》總編輯黃育根、名小說家侯曜、專欄作家黎伯挺等創辦了"生活新聞學院"，它在組織和施教方面，大體和黃天石的"香港新聞學社"相同，都是夜間上課。

這時香港報業相當發達，著名日報有《華字日報》、《循環日報》、《華僑日報》、《工商日報》，而"小報"就更多了，計有《探海燈》、《骨子》、《春秋》、《胡椒》等十餘份。港人讀報興趣至濃，而欲投身新聞界者亦至多，所以開設新聞學院，應該是大有可為的。不過，這門"新聞"學科，畢竟是新創，還有，當時在香港和廣州的社會裏，做家長的都希望子弟修讀政治、經濟、法律、醫學，俾將來能做官，做律師，做醫生，而不想子弟入新聞界服務。

當時的新聞學院，雖然也是晚上上課，以方便白天要工作或讀中學的人。但"生活新聞學院"創辦之後，報名者未如理想。為此，關楚璞、黃育根等人並不灰心，還是依照原定方針辦下去。

"生活新聞學院"開辦時，學生僅得三十餘人。三個月後，只剩下十五人，半年後僅得七人。這些學生有的可能沒有興趣，有的可能沒有經濟能力，因為那時的學費，每月雖然只收五元，有錢的人當然不成問題。但家境窮困者，五元也是一個不輕易負擔的數目，因為那時的香港社會，女傭月薪也不過三四元，五元錢足夠一個人每月伙食而有餘了。

在學生寥寥無幾的情況下，關楚璞、黃育根、侯曜、黎伯挺等人仍不灰心，該學院特設"陽秋通訊社"，學員就在社內實習，夜間發稿完畢，則聯袂到《循環日報》練習做校對、寫稿、編輯等工作。除此之外，還常請名人到校演講，並且也向香港各大報社提供本地新聞消息。後來，"生活新聞學院"遷址，改名"香港文化事業社"，出版《廿世紀周刊》，承辦《循環日報》的副刊："香港文藝"和"兒童周刊"，俾學員得到實習機會。

辦新聞教育者如此苦心的培植幼苗，是希望對新聞界，對社會有點貢獻，只可惜創辦人什麼報酬也不要，但新聞學院的房租總要給人。最後，連房租雜費也難支付了，而關楚璞又到星加坡任《星洲日報》總編輯，侯曜則專心搞電影，這樣一來，"生活新聞學院"就被要迫結束了。

香港因地域關係，居民以廣東人佔絕大多數。在

1932 年 "一二八戰役"（日軍進侵上海，被我十九路軍打到落花流水，終告停火）之前，香港是很少外省人的。到了 1937 年 7 月 7 日，我國對日抗戰之後，因平津相繼失陷，外省人到港的漸多，其中還有許多著名新聞和文化界人士，如成舍我、胡政之、羅吟圃、鄒韜奮等。

1939 年，一班外省新聞文化界人士聯合香港部分報人成立了 "中國青年記者學會"。該會成員有的是左派，有的是右派。那時候，雖然是 "國共合作，共同抗日"，但因為思想信仰不同，彼此之間，有時難免產生歧見。那時唐碧川是 "香港新聞社" 社長，也加入了 "中國青年記者學會"，由於他為人公正隨和，成為左右兩派眼中的 "中立人士"，所以被推舉負責會務。

當時，左派方面有金仲華、劉思慕、惲逸羣、范長江、夏衍等。

到了 1939 年 4 月 24 日，以 "中國青年記者學會" 名義主辦的 "中國新聞學院" 正式開課，取錄了學生六十名，校址借用了中華中學的校址。該院職教員名單如下：院長郭步陶，副院長金仲華，校務主任譚思文，講師吳範寰、許君遠、羅吟圃、王紀元、劉思慕、潘朗、梁式文、葉啟芳和鄭森禹。

上述各人，或是報紙總編輯，或是雜誌總編輯，或是大學教授，或是報社總經理、編輯，都是新聞文化界知名人士。該校董事長為許世英，副董事長則為陶行知。有"金王"之稱，於 1985 年 8 月去世的胡漢輝，就是該學院的第一屆畢業生。

該學院於 4 月 23 日舉行首次開學典禮，由院長郭步陶（上海《申報》總編輯）任主席，致詞中有談及中國新聞教育的歷史，也可以說是中國新聞教育起源的介紹，資料很有價值，特轉錄如下，以饗讀者。郭氏說：

> ……談起這個新聞學院，使本人追溯起民國初年，北平報界聯合會，為訓練新聞技術人才，擬舉辦一個新聞大學，但後來因事不果，跟着，蔡元培先生感到新聞技術人才之迫切需要，因此在北京大學設立一個新聞科，這是訓練新聞學術人才的開始。後來，又有成舍我先生在北平創設新聞學專科學校，用其十餘年之經驗，及在外邦考察之心得，竭力教導學員，成績大有可觀。抗戰爆發，該校不幸被敵人毀滅，現在青年記者學會又繼承訓練新聞人才之偉大責任創立本院……

香港的新聞教育機構，第一所是黃天石創辦的"中國新聞學院"，第二所是關楚璞、黃育根辦的"生活新聞學院"，第三所是郭步陶、金仲華辦的"中國新聞學院"。其中，以第三間開辦的時間最長。它由 1939 年 4 月創辦，至 1941 年 12 月 8 日，日軍侵入香港時停辦，到 1946 年 5 月又恢復，到 1949 年又再告結束。

在 1949 年 5 月至 1950 年 4 月底，由大陸來香港的人士，數達百萬人，使香港人口增至二百六七十萬人，其中有許多是青少年隨同家人到此。香港原有學校，當然無法收容這麼多青年。因此，香港教育司在 1951 年開辦了"高級漢文夜學院"，內設文科、商科、新聞科。香港政府辦新聞教育，便是以"高級漢文夜學院"始。該學院後來改為"官立文商專科學校"，採三年制，招收高中畢業生，相當於今日香港的專上學院和大學，上課時間為晚上七時至九時，該校固然為來港後失學的青年而設，亦為方便日間有工作，而利用晚上深造的青年而辦，所以大受青年歡迎，投考者頗為踴躍。

新聞科設備雖然簡陋一點，但課程相當充實完整，教師亦很有分量，計有袁昶超（兼科主任）、譚維漢、謝扶雅、傅尚霖、曾如柏、黃著勳等前輩，他們過去在大陸都是各大學的名教授。

新聞科的課程，也根據國內外的大學新聞系課程編教，計有新聞採訪、新聞圖片、電訊翻譯、報業法規、報業管理、廣告學、編輯學、特稿寫作、評論寫作、世界報業、新聞資料、邏輯學，現代世界史，經濟學、政治學、民刑學、政治地理等。

看了新聞科的課程，便可領會當一名新聞工作者，並不簡單，除了有上述各門學問之外，還要能寫、能訪、能編、能譯才行。就所知，那時有好幾位現役記者也在該校新聞科攻讀的，而畢業生後來在新聞界服務的也有多位，且很有成就。

在二三十年代，香港和廣州雖然有很多報紙、報人，但那時還沒有新聞學校（在廣州方面，到 1930 年左右，著名律師謝英伯在惠福東路一間祠堂內，設有新聞學院之類，惟設備簡單，學生也不多），報社人員，每每是先入報館做校對，從而做見習記者、助理編輯，所以那時的新聞從業人員，加入報社工作後，進度緩慢，比諸今日的從新聞系畢業出來的同學，進步奇速，真有天淵之別，因為後者受過專業訓練也。

截至 1987 年 2 月止，香港有日報、晚報、夜報共三十五份（馬經報還不算在內），這固然與香港繁榮，居民教育水準提高有關，而從 1950 年起的三十多年來，香港新聞教育工作受到重視，亦直接有利於新聞界的發展。其中那些辦新聞教育的人，是新聞從業員的乳娘，他們對培養香港新聞工作的人才，作出了很大貢獻。

1950 年以後，香港第一個設有新聞教育的是“官立文商新聞科”，它是 1951 年由香港教育司創辦，也是香港政府第一次開辦新聞教育。但是只辦了四屆，到 1956 年便停辦了。幸而那時由廣州來港的文化大學校長吳康，在此間復辦該校，而原有的新聞系，來港後繼續設立。到 1956 年秋，文化大學與華僑、江夏、新僑、平正四所院校，組成“聯合書院”，分日夜校，下轄三學院。第一、第二學院及本校分部設在港島堅道，新聞學系亦在該處，首由李伯鳴為系主任，後來李氏轉任高職，改由陳錫餘接任。李伯鳴、陳錫餘兩位都是廣東資深著名報人。

1938年10月21日廣州失陷，廣東省府初遷連縣。到1939年元旦，李漢魂繼吳鐵城主持粵政，旋將省府遷至曲江的黃崗，該地與韶關僅距十餘公里，有粵漢鐵路火車及公路車可達，交通算是便利。

那時，韶關雖為廣東戰時省會，卻沒有一份屬於當地出版的報紙。到1939年，李伯鳴社長才將《中山日報》總社設於韶關，另在梅縣及梧州出版分版，以加強抗戰宣傳，韶關的《中山日報》就在那年的5月5日出版，編輯部、排字房、機房設於河西，而營業部則設於韶關市區的平治巷。

到了是年7月7日，由陳錫餘任社長的《大光報》也在韶關出版，而且很快便增加了廣州灣版、連縣版等。

是年8月13日，第四戰區《陣中日報》又告出版，於是韶關報業也日益蓬勃起來了。

我說了這些題外話，無非想指出一點"聯合書院"新聞系的先後負責人，都是廣東的資深名報人，在他們諄諄善誘下，哺育了許多報壇新秀。

聯合書院的新聞系，辦得很有成績，學生日多。到1963年香港政府要開辦中文大學，遂將聯合書院、崇基學院、新亞書院合併而成為中文大學。至於聯合書院原有的新聞系則撤銷，將該系學生並入社會學系。1965 年，中文大學也辦了"新聞傳播系"，採四年制，並設傳播研究中心及兩年制碩士研究所，由余也魯教授為系主任兼中心主任和所長，另聘有七名專任講師。

五十年代以後，香港新聞教育的播種者有袁昶超、李伯鳴、陳錫餘、羅君實等人。其後，又有余也魯、黃應士和張國興等人。

除了上述諸人外，有一位默默耕耘者、播種者是值得一談的，他就是遠東書院院長黎嘉潮。黎氏原是廣州報人，1945 年 8 月 15 日日本投降後，《和平日報》在廣州出版，他即擔任該報編輯。《和平日報》是軍委會政治部辦的，戰時出版《掃蕩報》，抗戰勝利後，將各地《掃蕩報》改為《和平日報》。後來，女立法委員陳逸雲（七十年代在美國經營餐館，被匪徒入店行劫，開槍將她擊斃）在廣州創辦愛羣新聞社，聘黎嘉潮任社長。

到了 1949 年 10 月 15 日廣州易手，黎氏與太太梁紹芳偕同長子來港，寓於今日筲箕灣明華大廈後山的木屋，黎太梁女士在西營盤一所小學任教，黎氏則在九龍通菜街華商會計專科學校任教導長。到了 1952 年，梁紹芳在筲箕灣創辦平民學校，就讀者都是漁民子弟，梁校長悉心教導，視學生如子弟，管教甚嚴，被譽為專醫問題學生的能手。因此，漁民聞訊都送兒女到該校就讀，所以開辦不久便有二百餘人。

1953年，黎嘉潮也在筲箕灣創辦遠東文商專科學校，採兩年制，先後設有新聞速成班及新聞系。新聞速成班早已停辦，但新聞系直至1987年2月還繼續辦理。據悉，香港有多位報人在該校新聞系畢業或肄業。

黎嘉潮為了辦學，也為了考察日本戰後教育、工商業的發展狀況，便把校務交給太太主理，自己則跑到日本東京大學深造。兩年後，獲得碩士銜回來，接着將遠東文商專科學校，擴大為遠東書院。1971年，南韓慶熙大學頒贈名譽博士學位給黎氏，而遠東書院的學位是年更獲美國十多所大學承認。過去，梁紹芳辦幼稚園、小學、中學，由於成績好，所以在經濟上有點盈餘，但這些錢都用於遠東書院身上。黎氏辦學，不僅消耗精神，而且消耗更多金錢，假如梁紹芳把歷年補助遠東書院的錢用來買樓，她可能已經擁有不少物業了。

至1980年代為止，香港官立大學只有兩所，一是香港大學，一是中文大學。而官辦大學，創辦新聞教育者，則以中文大學始。中文大學"新聞傳播系"的前身，可追溯至1949年錢穆創辦的新亞書院，該院的目的旨在培養"維護中華文化，發揚歐西學術"的知識分子。而該院曾設有四年制的新聞學系。

在1965年，香港新聞事業日趨蓬勃，報紙也走向彩色世界，廣播方面，除有香港電台、麗的呼聲（有線廣播）之外，還有商業電台，需要傳播人才日多，而中文大學，是政府承認的大學，可以說，中大新聞傳播系招生，是不愁沒有學生的，事實上，前往投考的人也很多。

中文大學新聞傳播系之設立，對香港新聞傳播人才的培養，功勞不少，加上余也魯教授管教學生宛如家長之對其子弟，一方面很愛護，另方面也很嚴謹，而他對學生的功課，也絕不馬虎。有些人以為讀新聞系很易讀，其實非也。為了使有興趣投考中文大學新聞系的青年，能瞭解該系的課程項目，茲將各學科名稱細錄於後，以供參考。

第一學年，除大學一年級共同科目外，新聞傳播系必修科有：傳播媒介、社會與人。第二學年的科目有：新聞攝影（一）、傳播資料管理、傳播管理、音響傳播、印藝傳播、新聞翻譯（一）、新聞文學（一）、新聞文學（二）、英文新聞寫作（一）、英文新聞寫作（二）、傳播史、時事研究（一）、時事研究（二）、新聞攝影（二）。第三學期的科目有：新聞翻譯（二）、新聞採訪與寫作（中文）、新聞採訪與寫作（英文）、新聞編輯、廣告學（一）、廣告學（二）、傳播理論、傳播法規、暑期實習、廣播新聞、廣播節目製作、電視特稿寫作、電視新聞、公眾事務報導、雜誌編輯與寫作。第四學年的科目有：專題研究（一）、專題研究

（二）、國際傳播、傳播研究方法、民意調查與報告、
電視節目製作（一）、電視節目製作（二）、工商新聞
採訪。

新聞傳播系畢業生，如在報社、電視台、電台加
以實踐，料必大有作為。

1968 年，浸會學院也開辦傳理系，最初六年，由
該系創建人余也魯任系主任。直至余教授任中文大學
新聞傳播系主任，才改由黃應士任系主任。兩年後，
黃氏轉任香港電視廣播有限公司（即無綫電視）新聞
部高職，遺缺由張國興繼任。張氏任浸會學院傳理系
主任約九年，到 1984 年左右才退休。

余也魯、黃應士都是學院派出身。後者曾任無綫
電視新聞總監。

余也魯是一位典型的書生，眉清目秀，儀表極
佳，談吐井井有條，絕無疾言厲色之態，所以浸會、
中大的學生，對他很是恭敬。

在新聞教育界、新聞傳播界，大家都知道黃應士
的大名。但有些社會人士，可能聞其名而不知其家
世，原來，他就是香港富商黃錫彬的兒子。

1959 年 6 月 20 日，黃錫彬的兒子黃應求晚上從灣
仔六國酒店仙掌夜總會出來後，獨自駕車離去，誰知
一去便不知下落。這事轟動了港澳。事後，黃家接到
匪徒的勒索信，揚言要港幣五十萬元才肯放人。黃家
未有照付，不料事隔年餘，到了 1961 年 2 月 10 日上

香港浸會學院（今天的香港浸會大學）的傳理系，為本地新聞業培養了不少專門人材。

午八時十分，黃錫彬乘車離開渣甸山寓所，途經畢喇山石礦場斜坡時，又被匪徒擄去。

　　黃錫彬有子女十一人，除去世者不計，仍有三子三女。當時，黃應求下落不明，八男應康及十一男應士，當時同留學美國。黃應士為了父親被擄，特地從美國返港營救。黃應士與警方聯絡，他乘的飛機不在啟德機場停機處降落，而在機場另一處地方降落，到黃應士下機後，即與警方乘預備好的直升機在土瓜灣一處曠地降落，並商討營救黃錫彬的策略。結果，黃錫彬被綁架十七天後，於 1961 年 2 月 17 日被人用汽車載至英皇道永興街黃應求寓所附近，脫險歸來。該案的"三狼"倪秉堅、李渭、馬廣燦擄人殺人罪成，判處死刑。

我引述"三狼案"是想說明一點：黃應士很有新聞、偵探頭腦。

教育界及一般人士都承認：在香港辦私立大專學校非常困難。但卻有人打破這傳統的觀念，"不信邪"地靠私人的力量，創辦一所大專學院，而且辦得很成功。

這使我想起 1971 年暑假中的往事：有一天，鍾期榮博士約我到紅寶石酒樓吃晚飯。她告訴我："我決定辦一間書院……"我聽了她這一句話，便搶着說："鍾博士，在香港辦大專書院是非常困難的。……"鍾博士也不待我說完，便以堅定的語氣說："我不怕……請你以後多多指教！"

1971 年秋，樹仁書院終於開課了，校址在跑馬地成和道。由胡鴻烈博士任校監，胡夫人鍾期榮博士任校長。夫婦合辦大專書院，這在香港高等教育史上還是罕見，鍾博士還說："胡博士只管學校財政，校務由我全部負責。"這是真的，因為胡博士有他本身業務，他也無暇兼顧校務。況且，鍾校長自樹仁書院開辦之後，每天由上午八時返校，直到晚上十時後才返家，有十多小時在校內辦公，又何須胡博士分心。

以前，這一對夫婦，每逢星期六下午便帶同兒子到大嶼山別墅歇宿一晚。但自從樹仁書院開辦以後，他們久矣乎沒有去大嶼山度假了，因為鍾校長周末下午和星期日假期，都返樹仁書院辦公。

我們也常常見面，然而每一次見面，都見她比前消瘦。我好幾次忍不住的對她說："校長，你要多點休息呀！"她聽了，總是說："多謝，多謝！"（表示多謝我的關心）

香港人的拚搏精神，早已飲譽世界，而鍾博士的奮鬥精神，更可以說是香港人代表之一，因為她把全副精神、時間都放在樹仁書院上。幾年之後，她又創辦樹仁中學，由於樹仁書院聲譽鵲起，所以樹仁中學一開辦，來報讀者甚眾。不久，它已成為香港一所著名中學。不過，這時的鍾博士更忙了，她要"聲音兩邊走"，有一部分時間在書院，有一部分時間在中學，而在家的時間就更短了。

1976年，樹仁書院被政府承認為學院，1986年，更在北角山上自建十二層高的新校舍（今天已正名為樹仁大學）。

在校址方面來說，樹仁書院由租用校舍到自建校舍，套句俗諺：由無變有，由小變大。至於學生方面，樹仁書院開辦時，全校學生只有三百餘人，到八十年代已近四千人，也可以說是：由少變多。

當樹仁新校舍落成及近兩年畢業典禮，我也曾應邀參加，我為胡鴻烈、鍾期榮伉儷高興，更為香港這個社會，只要你肯努力、奮鬥必有成就而高興。

今日在香港各報、電台、電視台、廣告公司、雜誌社和政府新聞處服務的朋友，有不少是畢業於樹仁學院新聞系，而他們的工作能力與服務態度，備受上司、同事及各方人士稱譽。這除了各同學本身的品德優良之外，校長、教授的訓導也有很大關係。舉一個例：有一次，鍾期榮校長在閑談中對我說："我對學生的成績很注意的，新聞學系有一位同學只得五十八分，我不准其畢業，這同學流着眼淚求情，我也不准，要他重讀……。"

也許有人認為鍾校長這樣做很 "不近人情"，考試成績只差兩分便及格，何不准其畢業？關於這個問題，使我想起五十多年前，我目睹的一個故事：廣州有所私立的大中中學，校長是溫展鵬。某年，有一位高中三年級的學生，畢業試成績只得五十九分，不能畢業，學生去懇求溫校長，溫氏卻對他說："現在你五十九分，我准你畢業，那末，五十八分的同學又來求我，你教我怎辦好呢？"那位學生無言而退。所以鍾校長不准五十八分的同學畢業，自有其道理。也因為她待人客氣，但對學生成績絕不放寬，所以樹仁學院新聞學系的畢業同學，到各處服務都能稱職，備受讚揚。

樹仁創辦於 1971 年秋，新聞學系由胡仙小姐任系主任，但最初是《星島日報》採訪主任張祺新代理其教務。而該系的教授、講師的都是對新聞富有經驗的人士。後來，張祺新事忙離去，改由《快報》採訪主任，《星島日報》專欄作家李勇（筆名羅子）代理系主任。

李勇畢業於台灣大學，旋任台北《聯合報》記者，他是名報人李燚生（筆名馬兒）的公子，對採訪、寫作均富有經驗。後來，他移民赴美，遺缺改由張同補替。張氏原服務於香港美國新聞處為總編輯。1978 年間，在"美新處"退休後，即到樹仁學院新聞學系主持系務。兩年後，張氏離職，由鍾校長兼新聞系主任，黃夢晞代理教務。

黃夢晞是一位資深報人，大學畢業後即從事新聞工作垂二十年。曾主編《星島晚報》電訊。由於他喜歡新聞工作，所以樂此不疲。每日他都必做三件事，就是讀書、編報、教學。家務、商務全由太太負責，他對同學，視如子弟，悉心教導，所以同學對他很是尊敬。

有一次，黃夢晞出席了一個記者招待會。當他入場時，許多記者都站起身來，大家都覺得奇怪，因為記者招待會很少出現這種現象的。原來，站起身來的都是樹仁學院新聞系畢業的同學。憑此可見，黃夢晞受同學歡迎的程度。

· **香港文庫**

　總策劃：鄭德華

　執行編輯：梁偉基

· **香港報業雜談**

　責任編輯：梁偉基

　書籍設計：吳冠曼

　封面設計：陳曦成

書　　名	香港報業雜談
著　　者	李家園
出　　版	三聯書店（香港）有限公司 香港北角英皇道 499 號北角工業大廈 20 樓 Joint Publishing (H.K.) Co., Ltd. 20/F., North Point Industrial Building, 499 King's Road, North Point, Hong Kong
香港發行	香港聯合書刊物流有限公司 香港新界大埔汀麗路 36 號 3 字樓
印　　刷	美雅印刷製本有限公司 香港九龍觀塘榮業街 6 號 4 樓 A 室
版　　次	2019 年 3 月香港第一版第一次印刷
規　　格	大 32 開（140 × 210 mm）240 面
國際書號	ISBN 978-962-04-4439-5